でる順パス単
書き覚えノート

文部科学省後援
英検 準2級

旺文社

はじめに

「単語がなかなか覚えられない」「単語集を何度見てもすぐに忘れてしまう」という声をよく聞きます。英検の対策をする上で，単語学習はとても重要です。しかし，どうやって単語学習を進めればいいのか，自分のやり方が正しいのか自信がない，という悩みをかかえている人も多くいると思います。『英検準２級 でる順パス単 書き覚えノート』は，そういった学習の悩みから生まれた「書いて覚える」単語学習のサポート教材です。

本書の特長は，以下の３つになります。

1. **「書いて（発音しながら）覚える」方法で効果的に記憶できる**
2. **日本語（意味）から英語に発想する力を養うことができる**
3. **「復習テスト」で単熟語を覚えているかどうか自分で確認することができる**

単熟語を実際に書き込んで手を動かす作業は，記憶に残すためにとても効果的な方法です。ただ単語集を覚えてそのままにしておくのではなく，本書に沿って継続的に単語学習を進めていきましょう。「書いて」→「復習して」→「定着する」というステップを通して確実に記憶の定着につなげることができるでしょう。

本書とセットで使うと効果的な書籍のご紹介

本書に収録されている内容は，単語集『英検準２級 でる順パス単』（本体1,200円＋税：無料音声ダウンロードサービス付）に基づいています。単語集には，単語の意味のほかに同意語や用例なども含まれており，単語のイメージや使われ方を確認しながら覚えることができます。

もくじ

編集：堀　尚史　　イラスト：三木謙次

編集協力：株式会社メディアビーコン，株式会社鷗来堂

装丁デザイン：及川真咲デザイン事務所（浅海新菜）

本文デザイン：伊藤幸恵　　組版協力：幸和印刷株式会社

本書の構成

単語編

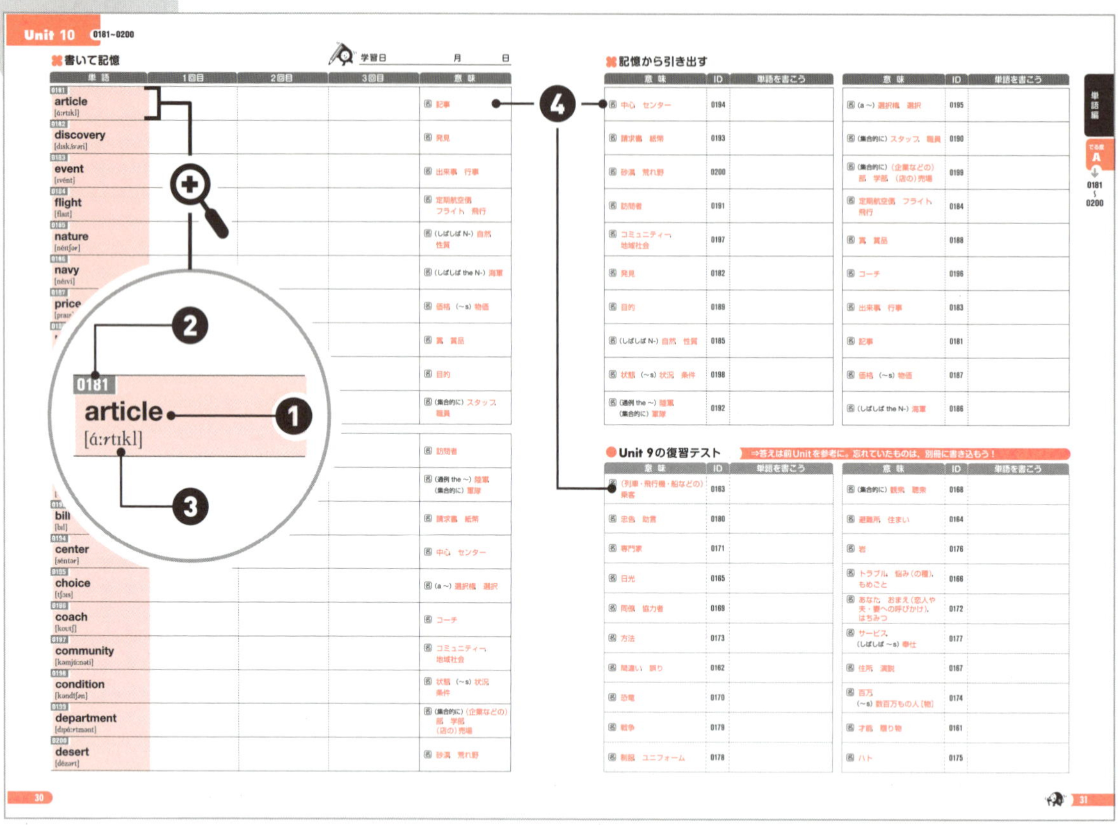

❶ 見出し語

『英検準2級 でる順パス単』に掲載されている単語です。

❷ 見出し語番号

見出し語には単語編・熟語編を通して1～1500の番号が振られています。『英検準2級 でる順パス単』の見出し語番号に対応しています。

❸ 発音記号

発音記号は原則として『オーレックス英和辞典』（旺文社）に準拠しており，主に米音を採用しています。

❹ 意味

見出し語の意味は原則として『英検準2級 でる順パス単』に準じて掲載しています。ただし，同意語や用例などは掲載しないなど，一部変更しています。

1 Unit が単語，熟語ともに 20 ずつ区切られており，これが 1 回分の学習の目安となります。

本書の利用法については p.6 以降を参照してください。

熟 語 編

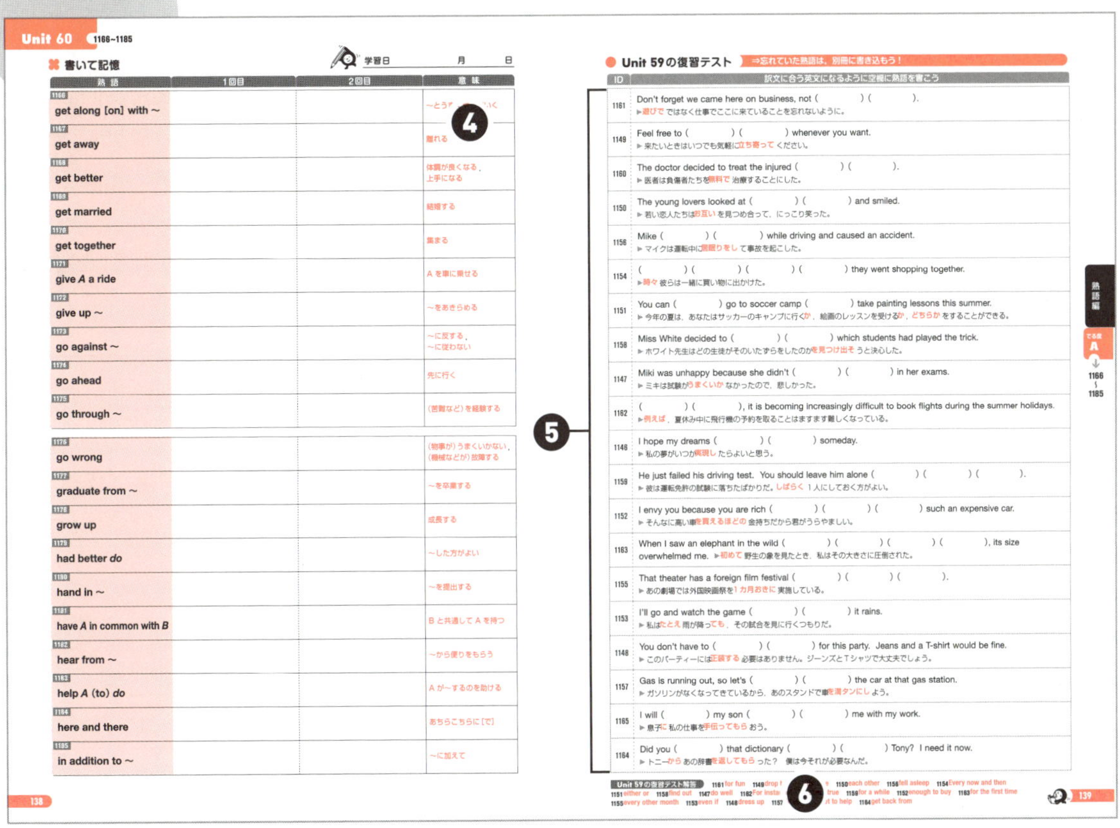

Unit 60　1166~1185

書いて記憶　　学習日　　月　　日

熟語	1回目	2回目	意味
1166 get along [on] with ~			~とう[illegible]く
1167 get away			離れる
1168 get better			体調が良くなる，上手になる
1169 get married			結婚する
1170 get together			集まる
1171 give *A* a ride			A を車に乗せる
1172 give up ~			~をあきらめる
1173 go against ~			~に反する，~に従わない
1174 go ahead			先に行く
1175 go through ~			（苦難など）を経験する
1176 go wrong			（物事が）うまくいかない，（機械などが）故障する
1177 graduate from ~			~を卒業する
1178 grow up			成長する
1179 had better *do*			~した方がよい
1180 hand in ~			~を提出する
1181 have *A* in common with *B*			B と共通して A を持つ
1182 hear from ~			~から便りをもらう
1183 help *A* (to) *do*			A が~するのを助ける
1184 here and there			あちらこちらに［で］
1185 in addition to ~			~に加えて

138

Unit 59 の復習テスト　⇒忘れていた熟語は，別冊に書き込もう！

ID	訳文に合う英文になるように空欄に熟語を書こう
1161	Don't forget we came here on business, not (　　) (　　). ▶遊びでではなく仕事でここに来ていることを忘れないように。
1149	Feel free to (　　) (　　) whenever you want. ▶来たいときはいつでも気軽に立ち寄ってください。
1160	The doctor decided to treat the injured (　　) (　　). ▶医者は負傷者たちを無料で治療することにした。
1150	The young lovers looked at (　　) (　　) and smiled. ▶若い恋人たちはお互いを見つめ合って，にっこり笑った。
1156	Mike (　　) (　　) while driving and caused an accident. ▶マイクは運転中に居眠りをして事故を起こした。
1154	(　　) (　　) (　　) (　　) they went shopping together. ▶時々彼らは一緒に買い物に出かけた。
1151	You can (　　) go to soccer camp (　　) take painting lessons this summer. ▶今年の夏は，あなたはサッカーのキャンプに行くか，絵画のレッスンを受けるか，どちらかをすることができる。
1158	Miss White decided to (　　) (　　) which students had played the trick. ▶ホワイト先生はどの生徒がそのいたずらをしたのかを見つけ出そうと決心した。
1147	Miki was unhappy because she didn't (　　) (　　) in her exams. ▶ミキは試験がうまくいかなかったので，悲しかった。
1162	(　　) (　　), it is becoming increasingly difficult to book flights during the summer holidays. ▶例えば，夏休み中に飛行機の予約を取ることはますます難しくなっている。
1146	I hope my dreams (　　) (　　) someday. ▶私の夢がいつか実現したらよいと思う。
1159	He just failed his driving test. You should leave him alone (　　) (　　) (　　). ▶彼は運転免許の試験に落ちたばかりだ。しばらく 1 人にしておく方がよい。
1152	I envy you because you are rich (　　) (　　) (　　) such an expensive car. ▶そんなに高い車を買えるほどの金持ちだから君がうらやましい。
1163	When I saw an elephant in the wild (　　) (　　) (　　) (　　), its size overwhelmed me. ▶初めて野生の象を見たとき，私はその大きさに圧倒された。
1155	That theater has a foreign film festival (　　) (　　) (　　). ▶あの劇場では外国映画祭を 1 カ月おきに実施している。
1153	I'll go and watch the game (　　) (　　) it rains. ▶私はたとえ雨が降っても，その試合を見に行くつもりだ。
1148	You don't have to (　　) (　　) for this party. Jeans and a T-shirt would be fine. ▶このパーティーには正装する必要はありません。ジーンズとTシャツで大丈夫でしょう。
1157	Gas is running out, so let's (　　) (　　) the car at that gas station. ▶ガソリンがなくなってきているから，あのスタンドで車を満タンにしよう。
1165	I will (　　) my son (　　) (　　) me with my work. ▶息子に私の仕事を手伝ってもらおう。
1164	Did you (　　) that dictionary (　　) (　　) Tony? I need it now. ▶トニーからあの辞書を返してもらった？ 僕は今それが必要なんだ。

Unit 59 の復習テスト解答　1161 for fun　1149 drop i　true　1150 each other　1156 fell asleep　1154 Every now and then　1151 either or　1158 find out　1147 do well　1162 For insta　1159 for a while　1152 enough to buy　1163 for the first time　1155 every other month　1153 even if　1148 dress up　1157　to help　1164 get back from

熟語編　でる度 A　1166～1185

139

❺ 復習テスト

1 つ前の Unit で学習した熟語を含む英文です。熟語の訳にあたる日本語は赤字にしています。空欄に熟語を記入しましょう。

❻ 復習テスト解答

このページの復習テストの解答です。別解がある場合も，原則として解答は 1 つのみ掲載しています。

表記について

動 動詞	名 名詞	形 形容詞	副 副詞
代 代名詞	接 接続詞	前 前置詞	

本書の特長と利用法

1日1 Unit（20単語）を目安に進めましょう。

単語編

1 書いて記憶

左欄の「単語」と右欄の「意味」を確認します。1回目は「意味を確認して書く」，2回目は「発音しながら書く」，3回目は「意味に合う単語を書く」とよいでしょう。

2 記憶から引き出す

左ページの20語がランダムに並べ替えられています。意味を見て単語を思い出して書きます。左ページで見出し語番号の一致する単語と意味を見て，答え合わせします。

3 復習テスト

最後に復習テストです。1つ前のUnitの20語の意味がランダムに並べ替えられています。その意味の単語を思い出して書きます。前のUnitで見出し語番号の一致する単語と意味を見て，答え合わせします。

4 別冊ワードリスト

復習テストで分からなかった単語をチェックして，別冊「ワードリスト」に書きためておきましょう。覚えられるまで何度もくり返し書きましょう。

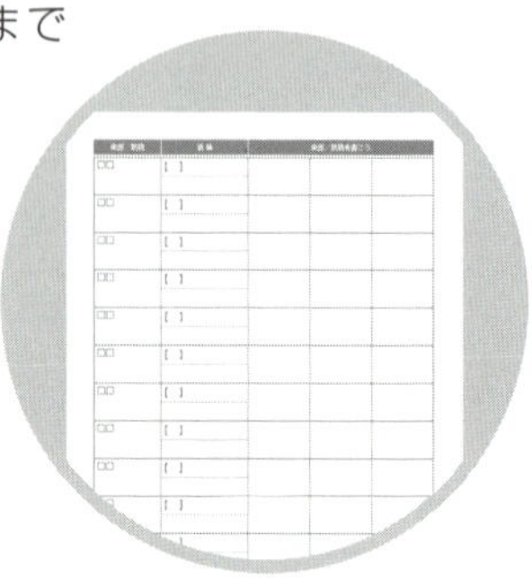

熟語編

Unit 60 1166~1185

書いて記憶　学習日　月　日

熟語	1回目	2回目	意味
1166 get along [on] with ~			~とうまくやっていく
1167 get away			離れる
1168 get better			体調が良くなる，上手になる
1169 get married			結婚する
1170 get together			集まる
1171 give *A* a ride			A を車に乗せる
1172 give up ~			~をあきらめる
1173 go against ~			~に反する，~に従わない
1174 go ahead			先に行く
1175 go through ~			(苦難など)を経験する
1176 go wrong			(物事が)うまくいかない，(機械などが)故障する
1177 graduate from ~			~を卒業する
1178 grow up			成長する
1179 had better *do*			~した方がよい
1180 hand in ~			~を提出する
1181 have *A* in common with *B*			B と共通して A を持つ
1182 hear from ~			~から便りをもらう
1183 help *A* (to) *do*			A が~するのを助ける
1184 here and there			あちらこちらに［で］
1185 in addition to ~			~に加えて

1

138

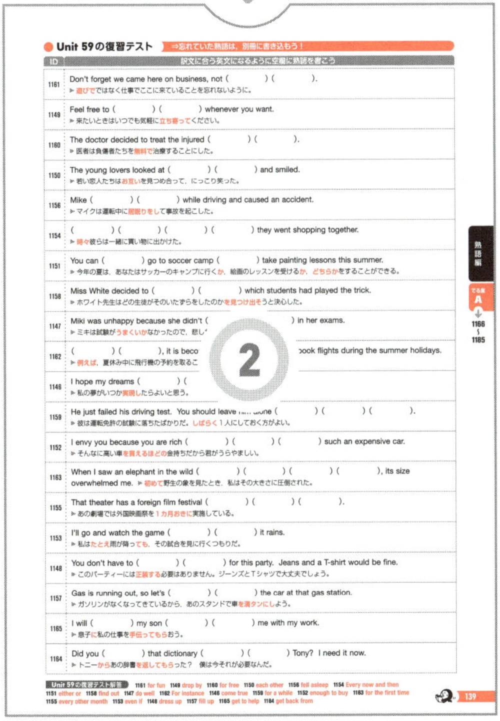

Unit 59の復習テスト　⇒忘れていた熟語は，別冊に書き込もう！

ID	訳文に合う英文になるように空欄に熟語を書こう
1161	Don't forget we came here on business, not ( ) ( ). ▶遊びでではなく仕事でここに来ていることを忘れないように。
1149	Feel free to ( ) ( ) whenever you want. ▶来たいときはいつでも気軽に立ち寄ってください。
1160	The doctor decided to treat the injured ( ) ( ). ▶医者は負傷者たちを無料で治療することにした。
1150	The young lovers looked at ( ) ( ) and smiled. ▶若い恋人たちはお互いを見つめ合って，にっこり笑った。
1156	Mike ( ) ( ) while driving and caused an accident. ▶マイクは運転中に居眠りをして事故を起こした。
1154	( ) ( ) ( ) ( ) they went shopping together. ▶時々彼らは一緒に買い物に出かけた。
1151	You can ( ) go to soccer camp ( ) take painting lessons this summer. ▶今年の夏は，あなたはサッカーのキャンプに行くか，絵画のレッスンを受けるか，どちらかをすることができる。
1158	Miss White decided to ( ) ( ) which students had played the trick. ▶ホワイト先生はどの生徒がそのいたずらをしたのかを見つけ出そうと決心した。
1147	Miki was unhappy because she didn't ( ) in her exams. ▶ミキは試験がうまくいかなかったので，悲し
1162	( ) ( ), it is beco ook flights during the summer holidays. ▶例えば，夏休み中に飛行機の予約を取るこ
1146	I hope my dreams ( ) (▶私の夢がいつか実現したらよいと思う。
1159	He just failed his driving test. You should leave him alone ( ) ( ) ( ). ▶彼は運転免許の試験に落ちたばかりだ。しばらく1人にしておく方がよい。
1152	I envy you because you are rich ( ) ( ) ( ) such an expensive car. ▶そんなに高い車を買えるほどの金持ちだから君がうらやましい。
1163	When I saw an elephant in the wild ( ) ( ) ( ) ( ), its size overwhelmed me. ▶初めて野生の象を見たとき，私はその大きさに圧倒された。
1155	That theater has a foreign film festival ( ) ( ) ( ). ▶あの劇場では外国映画祭を1カ月おきに実施している。
1153	I'll go and watch the game ( ) ( ) it rains. ▶私はたとえ雨が降っても，その試合を見に行くつもりだ。
1148	You don't have to ( ) ( ) for this party. Jeans and a T-shirt would be fine. ▶このパーティーには正装する必要はありません。ジーンズとTシャツで大丈夫でしょう。
1157	Gas is running out, so let's ( ) ( ) the car at that gas station. ▶ガソリンがなくなってきているから，あのスタンドで車を満タンにしよう。
1165	I will ( ) my son ( ) ( ) me with my work. ▶息子に私の仕事を手伝ってもらおう。
1164	Did you ( ) that dictionary ( ) ( ) Tony? I need it now. ▶トニーからあの辞書を返してもらった？　僕は今それが必要なんだ。

Unit 59の復習テスト解答　1161 for fun　1149 drop by　1160 for free　1150 each other　1156 fell asleep　1154 Every now and then　1151 either or　1158 find out　1147 do well　1162 For instance　1146 come true　1159 for a while　1152 enough to buy　1163 for the first time　1155 every other month　1153 even if　1148 dress up　1157 fill up　1165 get to help　1164 get back from

熟語編　でる度A　1166～1185

2

139

1 書いて記憶

左欄の熟語を見て右欄の意味を確認します。正しいスペルを2回ずつ，できれば声に出して発音しながら書きます。意味をイメージしながらくり返し書いてみましょう。

2 復習テスト

1つ前のUnitの20語の例文がランダムに並べ替えられています。訳文を見て熟語を思い出して空欄に書きます。すべて解き終わったら，解答で確認しましょう。

3 別冊ワードリスト

復習テストで分からなかった熟語をチェックして，別冊「ワードリスト」に書きためておきましょう。覚えられるまで何度もくり返し書きましょう。

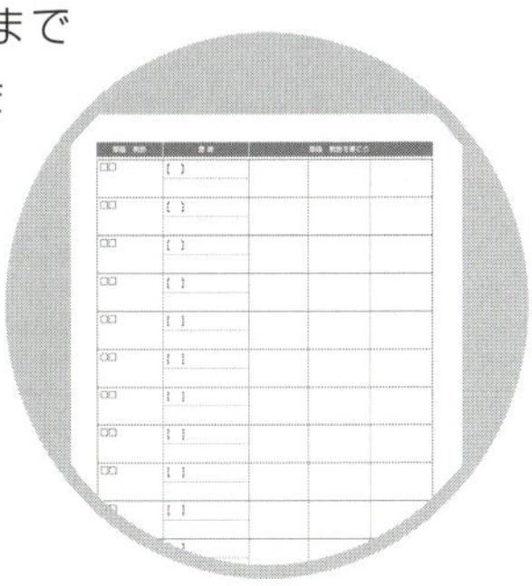

発音記号について

発音記号，カナ発音，例をまとめましたので，発音記号の読み方が分からない場合は参考にしてください。

母音

発音記号	カナ発音	例		発音記号	カナ発音	例	
[iː]	イー	evening	[íːvnɪŋ]	[ʌ]	ア	young	[jʌŋ]
[ɪ]	イ	it	[ɪt]	[ə]	ア	about	[əbáʊt]
[e]	エ	egg	[eg]	[ər]	アァ	over	[óʊvər]
[æ]	ア	apple	[ǽpl]	[əːr]	ア～	word	[wəːrd]
[ɑ]	ア	mom	[mɑ(ː)m]	[eɪ]	エイ	day	[deɪ]
[ɑː]	アー	father	[fɑ́ːðər]	[oʊ]	オウ	old	[oʊld]
[ɑːr]	アー	start	[stɑːrt]	[aɪ]	アイ	my	[maɪ]
[ɔ]	オ	stop	[(英)stɔp]	[aʊ]	アウ	out	[aʊt]
[ɔː]	オー	August	[ɔ́ːgəst]	[ɔɪ]	オイ	boy	[bɔɪ]
[ɔːr]	オー	before	[bɪfɔ́ːr]	[ɪər]	イア	ear	[ɪər]
[ʊ]	ウ	good	[gʊd]	[eər]	エア	there	[ðeər]
[uː]	ウー	you	[juː]	[ʊər]	ウア	tour	[tʊər]

子音

発音記号	カナ発音	例		発音記号	カナ発音	例	
[p]	プ	pen	[pen]	[ð]	ず	this	[ðɪs]
[b]	ブ	bad	[bæd]	[s]	ス	safe	[seɪf]
[t]	ト	at	[ət]	[z]	ズ	zoo	[zuː]
[d]	ド	dad	[dæd]	[ʃ]	シ	ship	[ʃɪp]
[k]	ク	cake	[keɪk]	[ʒ]	ジ	usually	[júːʒuəli]
[g]	グ	game	[geɪm]	[r]	ル	right	[raɪt]
[m]	ム	Monday	[mʌ́ndeɪ]	[h]	フ	home	[hoʊm]
[n]	ヌ	no	[noʊ]	[tʃ]	チ	child	[tʃaɪld]
[ŋ]	ング	long	[lɔ(ː)ŋ]	[dʒ]	ヂ	orange	[ɔ́(ː)rɪndʒ]
[l]	る	like	[laɪk]	[j]	イ	year	[jɪər]
[f]	ふ	food	[fuːd]	[w]	ウ	world	[wəːrld]
[v]	ヴ	very	[véri]	[ts]	ツ	plants	[plænts]
[θ]	す	think	[θɪŋk]	[dz]	ヅ	kids	[kɪdz]

学習管理表

1 日 1 Unit を目安に進めていきましょう。
その日の学習が終わったら下の表の／部分に日付を記入して記録を付けていきましょう。

Unit 1	／	Unit 2	／	Unit 3	／	Unit 4	／	Unit 5	／
Unit 6	／	Unit 7	／	Unit 8	／	Unit 9	／	Unit 10	／
Unit 11	／	Unit 12	／	Unit 13	／	Unit 14	／	Unit 15	／
Unit 16	／	Unit 17	／	Unit 18	／	Unit 19	／	Unit 20	／
Unit 21	／	Unit 22	／	Unit 23	／	Unit 24	／	Unit 25	／
Unit 26	／	Unit 27	／	Unit 28	／	Unit 29	／	Unit 30	／
Unit 31	／	Unit 32	／	Unit 33	／	Unit 34	／	Unit 35	／
Unit 36	／	Unit 37	／	Unit 38	／	Unit 39	／	Unit 40	／
Unit 41	／	Unit 42	／	Unit 43	／	Unit 44	／	Unit 45	／
Unit 46	／	Unit 47	／	Unit 48	／	Unit 49	／	Unit 50	／
Unit 51	／	Unit 52	／	Unit 53	／	Unit 54	／	Unit 55	／
Unit 56	／	Unit 57	／	Unit 58	／	Unit 59	／	Unit 60	／
Unit 61	／	Unit 62	／	Unit 63	／	Unit 64	／	Unit 65	／
Unit 66	／	Unit 67	／	Unit 68	／	Unit 69	／	Unit 70	／
Unit 71	／	Unit 72	／	Unit 73	／	Unit 74	／	Unit 75	／
Unit 76	／								

単語編

でる度 A 常にでる基本単語

373

Unit 1
～
Unit 19

書いて記憶

学習日　　月　　日

単語	1回目	2回目	3回目	意味
0001 **let** [let]				動 (let O *do* で)O に～させる
0002 **decide** [dɪsáɪd]				動 を決心する
0003 **leave** [liːv]				動 (leave O C で)O を C のままにしておく，を置き忘れる，(を)去る
0004 **long** [lɔ(ː)ŋ]				動 切望する
0005 **practice** [prǽktɪs]				動 (を)練習する，を実行する
0006 **move** [muːv]				動 引っ越す，を動かす，を感動させる
0007 **pay** [peɪ]				動 を支払う
0008 **change** [tʃeɪndʒ]				動 を変える，変わる
0009 **spell** [spel]				動 をつづる
0010 **grow** [groʊ]				動 成長する，(数量などが)増大する，を栽培する
0011 **spend** [spend]				動 (お金・時間)を費やす
0012 **order** [ɔ́ːrdər]				動 (を)注文する，(を)命じる
0013 **share** [ʃeər]				動 (を)共有する，を分け合う
0014 **check** [tʃek]				動 (を)確かめる，(を)調べる，(を)検査する
0015 **forget** [fərgét]				動 を忘れる
0016 **guide** [gaɪd]				動 に案内する
0017 **hold** [hoʊld]				動 を開催する，を持つ
0018 **report** [rɪpɔ́ːrt]				動 (を)報道する，(を)報告する
0019 **return** [rɪtə́ːrn]				動 帰る，戻る，を返す
0020 **seem** [siːm]				動 のようだ，のように見える[思える]

記憶から引き出す

意味	ID	単語を書こう
動 成長する，（数量などが）増大する，を栽培する	0010	
動 をつづる	0009	
動 を支払う	0007	
動 引っ越す，を動かす，を感動させる	0006	
動 を変える，変わる	0008	
動 に案内する	0016	
動 （を）練習する，を実行する	0005	
動 (___ O C で) O を C のままにしておく，を置き忘れる，（を）去る	0003	
動 を忘れる	0015	
動 のようだ，のように見える［思える］	0020	

意味	ID	単語を書こう
動 帰る，戻る，を返す	0019	
動 （を）報道する，（を）報告する	0018	
動 を決心する	0002	
動 （を）共有する，を分け合う	0013	
動 を開催する，を持つ	0017	
動 (___ O *do* で) O に～させる	0001	
動 （お金・時間）を費やす	0011	
動 （を）注文する，（を）命じる	0012	
動 （を）確かめる，（を）調べる，（を）検査する	0014	
動 切望する	0004	

書いて記憶

学習日　　　月　　　日

単語	1回目	2回目	3回目	意味
0021 **train** [treɪn]				動 を訓練する，トレーニングする
0022 **wait** [weɪt]				動 待つ
0023 **invite** [ɪnváɪt]				動 を招待する
0024 **sound** [saʊnd]				動 のように思われる，に聞こえる，音を出す
0025 **taste** [teɪst]				動 の味がする，を味わう
0026 **worry** [wɔ́:ri]				動 心配する，を心配させる
0027 **join** [dʒɔɪn]				動 に加わる，参加する
0028 **lose** [lu:z]				動 を失う，(で)負ける
0029 **remember** [rɪmémbər]				動 を覚えている，(remember to *do* で)忘れずに～する
0030 **climb** [klaɪm]				動 (を)登る
0031 **exchange** [ɪkstʃéɪndʒ]				動 を交換する，を両替する
0032 **offer** [ɔ́(:)fər]				動 (offer *A B* で)A に B を申し出る，A に B を提供する
0033 **perform** [pərfɔ́:rm]				動 を上演する，(を)演じる，を実行する
0034 **pick** [pɪk]				動 を摘む，を選ぶ
0035 **repair** [rɪpéər]				動 を修理する
0036 **interview** [íntərvjù:]				動 にインタビューする，と面接する
0037 **travel** [trǽvəl]				動 (を)旅行する
0038 **expect** [ɪkspékt]				動 を予期する，を期待する
0039 **miss** [mɪs]				動 がいなくて寂しく思う，をし損なう，に乗り遅れる
0040 **prepare** [prɪpéər]				動 を準備する

記憶から引き出す

意味	ID	単語を書こう
動 に加わる，参加する	0027	
動 を摘む，を選ぶ	0034	
動 を訓練する，トレーニングする	0021	
動 のように思われる，に聞こえる，音を出す	0024	
動 (を)旅行する	0037	
動 (___ A B で) A に B を申し出る，A に B を提供する	0032	
動 の味がする，を味わう	0025	
動 (を)登る	0030	
動 心配する，を心配させる	0026	
動 を覚えている，(___ to *do* で)忘れずに〜する	0029	
動 を交換する，を両替する	0031	
動 待つ	0022	
動 を予期する，を期待する	0038	
動 を失う，(で)負ける	0028	
動 にインタビューする，と面接する	0036	
動 がいなくて寂しく思う，をし損なう，に乗り遅れる	0039	
動 を招待する	0023	
動 を修理する	0035	
動 を準備する	0040	
動 を上演する，(を)演じる，を実行する	0033	

Unit 1の復習テスト

⇒答えは前Unitを参考に。忘れていたものは，別冊に書き込もう！

意味	ID	単語を書こう
動 (___ O *do* で) O に〜させる	0001	
動 (を)報道する，(を)報告する	0018	
動 を変える，変わる	0008	
動 (___ O C で) O を C のままにしておく，を置き忘れる，(を)去る	0003	
動 を決心する	0002	
動 成長する，(数量などが)増大する，を栽培する	0010	
動 をつづる	0009	
動 を支払う	0007	
動 (を)共有する，を分け合う	0013	
動 (お金・時間)を費やす	0011	
動 (を)練習する，を実行する	0005	
動 引っ越す，を動かす，を感動させる	0006	
動 を開催する，を持つ	0017	
動 帰る，戻る，を返す	0019	
動 切望する	0004	
動 (を)確かめる，(を)調べる，(を)検査する	0014	
動 に案内する	0016	
動 を忘れる	0015	
動 のようだ，のように見える［思える］	0020	
動 (を)注文する，(を)命じる	0012	

書いて記憶

学習日　　月　　日

単語	1回目	2回目	3回目	意味
0041 **win** [wɪn]				動 を勝ち取る，(に)勝つ
0042 **carry** [kǽri]				動 を運ぶ，を持ち歩く
0043 **build** [bɪld]				動 を建てる，を築き上げる
0044 **care** [keər]				動 気にかける
0045 **cost** [kɔːst]				動 (費用)がかかる
0046 **create** [kri(ː)éɪt]				動 を創造する
0047 **design** [dɪzáɪn]				動 (を)デザイン［設計］する
0048 **increase** [ɪnkríːs]				動 増加する，を増やす
0049 **introduce** [ìntrədjúːs]				動 を紹介する，を導入する
0050 **prefer** [prɪfə́ːr]				動 の方を好む
0051 **relax** [rɪlǽks]				動 くつろぐ，(筋肉などが)緩む，をくつろがせる
0052 **run** [rʌn]				動 を経営［運営］する，(水・川などが)流れる，走る
0053 **save** [seɪv]				動 (を)節約する，(を)蓄える，を救う
0054 **add** [æd]				動 を加える
0055 **agree** [əgríː]				動 賛成する，同意する
0056 **appear** [əpíər]				動 出現する，のように見える
0057 **borrow** [bɔ́(ː)roʊ]				動 を借りる
0058 **die** [daɪ]				動 死ぬ
0059 **improve** [ɪmprúːv]				動 を改良［改善］する，良くなる
0060 **mean** [miːn]				動 を意味する

記憶から引き出す

意 味	ID	単語を書こう
動 出現する，のように見える	0056	
動 を紹介する，を導入する	0049	
動 (を)デザイン［設計］する	0047	
動 (を)節約する，(を)蓄える，を救う	0053	
動 を加える	0054	
動 を創造する	0046	
動 を勝ち取る，(に)勝つ	0041	
動 賛成する，同意する	0055	
動 気にかける	0044	
動 を改良［改善］する，良くなる	0059	

意 味	ID	単語を書こう
動 を借りる	0057	
動 を運ぶ，を持ち歩く	0042	
動 を建てる，を築き上げる	0043	
動 (費用)がかかる	0045	
動 くつろぐ，(筋肉などが)緩む，をくつろがせる	0051	
動 死ぬ	0058	
動 を意味する	0060	
動 増加する，を増やす	0048	
動 を経営［運営］する，(水・川などが)流れる，走る	0052	
動 の方を好む	0050	

Unit 2の復習テスト

⇒答えは前Unitを参考に。忘れていたものは，別冊に書き込もう！

意 味	ID	単語を書こう
動 を覚えている，(___ to *do* で)忘れずに～する	0029	
動 を修理する	0035	
動 に加わる，参加する	0027	
動 のように思われる，に聞こえる，音を出す	0024	
動 心配する，を心配させる	0026	
動 (___ *A B* で) A に B を申し出る，A に B を提供する	0032	
動 がいなくて寂しく思う，をし損なう，に乗り遅れる	0039	
動 (を)登る	0030	
動 を準備する	0040	
動 を上演する，(を)演じる，を実行する	0033	

意 味	ID	単語を書こう
動 を予期する，を期待する	0038	
動 待つ	0022	
動 を失う，(で)負ける	0028	
動 を訓練する，トレーニングする	0021	
動 (を)旅行する	0037	
動 を招待する	0023	
動 を摘む，を選ぶ	0034	
動 を交換する，を両替する	0031	
動 にインタビューする，と面接する	0036	
動 の味がする，を味わう	0025	

書いて記憶

学習日　　月　　日

単語	1回目	2回目	3回目	意味
0061 **mind** [maɪnd]				動 (を)気にする[嫌がる], (に)気をつける
0062 **plant** [plænt]				動 を植える, (種)をまく
0063 **receive** [rɪsíːv]				動 を受け取る
0064 **rent** [rent]				動 を借りる, を貸す
0065 **reply** [rɪpláɪ]				動 返事をする, 答える
0066 **allow** [əláu]				動 (allow O to *do* で) O が～するのを許す
0067 **bear** [beər]				動 を我慢する
0068 **cause** [kɔːz]				動 を引き起こす
0069 **continue** [kəntínju(ː)]				動 を続ける, 続く
0070 **dress** [dres]				動 服を着る, に服を着せる

単語	1回目	2回目	3回目	意味
0071 **follow** [fá(ː)lou]				動 についていく[くる], に続く, に従う
0072 **graduate** [grǽdʒuèɪt]				動 卒業する
0073 **guess** [ges]				動 を推測する
0074 **marry** [mǽri]				動 と結婚する
0075 **protect** [prətékt]				動 を保護する
0076 **search** [səːrtʃ]				動 捜す
0077 **set** [set]				動 を調整する, を置く
0078 **smell** [smel]				動 のにおいがする
0079 **turn** [təːrn]				動 進路を変える, 変わる, を曲がる
0080 **wish** [wɪʃ]				動 …であればいいのに(と思う), を願う

記憶から引き出す

意 味	ID	単語を書こう
動 と結婚する	0074	
動 進路を変える，変わる，を曲がる	0079	
動 …であればいいのに（と思う），を願う	0080	
動 服を着る，に服を着せる	0070	
動 (___ O to *do* で) O が～するのを許す	0066	
動 を引き起こす	0068	
動 を我慢する	0067	
動 (を)気にする［嫌がる］，(に)気をつける	0061	
動 についていく［くる］，に続く，に従う	0071	
動 のにおいがする	0078	

意 味	ID	単語を書こう
動 を受け取る	0063	
動 捜す	0076	
動 返事をする，答える	0065	
動 を植える，(種)をまく	0062	
動 を推測する	0073	
動 卒業する	0072	
動 を調整する，を置く	0077	
動 を続ける，続く	0069	
動 を保護する	0075	
動 を借りる，を貸す	0064	

Unit 3の復習テスト

⇒答えは前Unitを参考に。忘れていたものは，別冊に書き込もう！

意 味	ID	単語を書こう
動 出現する，のように見える	0056	
動 を創造する	0046	
動 を借りる	0057	
動 を加える	0054	
動 を改良［改善］する，良くなる	0059	
動 を経営［運営］する，(水・川などが)流れる，走る	0052	
動 を紹介する，を導入する	0049	
動 (費用)がかかる	0045	
動 死ぬ	0058	
動 (を)節約する，(を)蓄える，を救う	0053	

意 味	ID	単語を書こう
動 を運ぶ，を持ち歩く	0042	
動 (を)デザイン［設計］する	0047	
動 増加する，を増やす	0048	
動 を建てる，を築き上げる	0043	
動 賛成する，同意する	0055	
動 の方を好む	0050	
動 を意味する	0060	
動 気にかける	0044	
動 を勝ち取る，(に)勝つ	0041	
動 くつろぐ，(筋肉などが)緩む，をくつろがせる	0051	

書いて記憶

学習日　　月　　日

単語	1回目	2回目	3回目	意味
0081 **arrive** [əráɪv]				動 到着する
0082 **cancel** [kǽnsəl]				動 を中止する，を取り消す
0083 **copy** [ká(:)pi]				動 (の)写しを取る，(を)まねる
0084 **cover** [kʌ́vər]				動 を覆う
0085 **enter** [éntər]				動 に入る，に参加［出場］する
0086 **happen** [hǽpən]				動 (偶然)起こる，(happen to *do* で) 偶然～する
0087 **recommend** [rèkəménd]				動 を推薦する，を勧める
0088 **steal** [sti:l]				動 を盗む，盗みをする
0089 **throw** [θroʊ]				動 (を)投げる
0090 **wonder** [wʌ́ndər]				動 …かなと思う

単語	1回目	2回目	3回目	意味
0091 **avoid** [əvɔ́ɪd]				動 を避ける
0092 **bake** [beɪk]				動 (パンなど)を焼く
0093 **contain** [kəntéɪn]				動 を含む，を収容できる
0094 **damage** [dǽmɪdʒ]				動 に損傷［損害］を与える
0095 **fail** [feɪl]				動 に不合格になる，失敗する
0096 **feed** [fi:d]				動 に食べ物を与える
0097 **fit** [fɪt]				動 にぴったり合う，に適している
0098 **fix** [fɪks]				動 を修理する，を固定する
0099 **hurt** [hə:rt]				動 を傷つける，痛む
0100 **lead** [li:d]				動 を導く，(必然的に)発展する

記憶から引き出す

意 味	ID	単語を書こう
動 を導く，(必然的に)発展する	0100	
動 にぴったり合う，に適している	0097	
動 に入る，に参加[出場]する	0085	
動 …かなと思う	0090	
動 を推薦する，を勧める	0087	
動 を覆う	0084	
動 を盗む，盗みをする	0088	
動 を傷つける，痛む	0099	
動 を修理する，を固定する	0098	
動 に不合格になる，失敗する	0095	

意 味	ID	単語を書こう
動 (パンなど)を焼く	0092	
動 に損傷[損害]を与える	0094	
動 (の)写しを取る，(を)まねる	0083	
動 を避ける	0091	
動 を含む，を収容できる	0093	
動 (偶然)起こる，(___ to *do* で)偶然～する	0086	
動 に食べ物を与える	0096	
動 到着する	0081	
動 (を)投げる	0089	
動 を中止する，を取り消す	0082	

Unit 4の復習テスト

⇒答えは前Unitを参考に。忘れていたものは，別冊に書き込もう！

意 味	ID	単語を書こう
動 と結婚する	0074	
動 を受け取る	0063	
動 (を)気にする[嫌がる]，(に)気をつける	0061	
動 のにおいがする	0078	
動 卒業する	0072	
動 捜す	0076	
動 服を着る，に服を着せる	0070	
動 返事をする，答える	0065	
動 を植える，(種)をまく	0062	
動 を推測する	0073	

意 味	ID	単語を書こう
動 (___ O to *do* で)O が～するのを許す	0066	
動 を引き起こす	0068	
動 を調整する，を置く	0077	
動 進路を変える，変わる，を曲がる	0079	
動 についていく[くる]，に続く，に従う	0071	
動 …であればいいのに(と思う)，を願う	0080	
動 を我慢する	0067	
動 を借りる，を貸す	0064	
動 を続ける，続く	0069	
動 を保護する	0075	

書いて記憶

学習日　　月　　日

単語	1回目	2回目	3回目	意味
0101 **raise** [reɪz]				動 を調達する，を育てる，を上げる
0102 **solve** [sɑ(ː)lv]				動 を解決する
0103 **wake** [weɪk]				動 (wake up で) 目を覚ます，(wake O up で) O を起こす
0104 **waste** [weɪst]				動 を浪費する
0105 **advise** [ədváɪz]				動 (に) 忠告する
0106 **arrange** [əréɪndʒ]				動 を取り決める，準備をする
0107 **belong** [bɪlɔ́(ː)ŋ]				動 所属する，属する
0108 **celebrate** [séləbrèɪt]				動 を祝う
0109 **cheer** [tʃɪər]				動 (に) 歓声を上げる，を励ます
0110 **count** [kaʊnt]				動 (を) 数える
0111 **delay** [dɪléɪ]				動 を遅らせる，を延期する
0112 **include** [ɪnklúːd]				動 を含む
0113 **lend** [lend]				動 (lend *A B* で) A に B を貸す
0114 **pack** [pæk]				動 を詰め込む，(を) 荷造りする
0115 **produce** [prədjúːs]				動 (を) 生産する，を引き起こす
0116 **reach** [riːtʃ]				動 に到着する
0117 **recover** [rɪkʌ́vər]				動 回復する，を取り戻す
0118 **remain** [rɪméɪn]				動 のままである，残る
0119 **reserve** [rɪzə́ːrv]				動 を予約する，を取っておく
0120 **serve** [səːrv]				動 (飲食物) を出す，(に) 給仕する，(に) 仕える

記憶から引き出す

意 味	ID	単語を書こう
動 のままである，残る	0118	
動 を遅らせる，を延期する	0111	
動 回復する，を取り戻す	0117	
動 を調達する，を育てる，を上げる	0101	
動 を解決する	0102	
動 を祝う	0108	
動 に到着する	0116	
動 (を)数える	0110	
動 (を)生産する，を引き起こす	0115	
動 (___ *A B* で) A に B を貸す	0113	

意 味	ID	単語を書こう
動 を浪費する	0104	
動 を詰め込む，(を)荷造りする	0114	
動 (に)忠告する	0105	
動 を予約する，を取っておく	0119	
動 を取り決める，準備をする	0106	
動 を含む	0112	
動 所属する，属する	0107	
動 (___ up で)目を覚ます，(___ O up で) O を起こす	0103	
動 (に)歓声を上げる，を励ます	0109	
動 (飲食物)を出す，(に)給仕する，(に)仕える	0120	

Unit 5の復習テスト

⇒答えは前Unitを参考に。忘れていたものは，別冊に書き込もう！

意 味	ID	単語を書こう
動 を含む，を収容できる	0093	
動 到着する	0081	
動 (パンなど)を焼く	0092	
動 を中止する，を取り消す	0082	
動 にぴったり合う，に適している	0097	
動 に入る，に参加[出場]する	0085	
動 を覆う	0084	
動 を推薦する，を勧める	0087	
動 を導く，(必然的に)発展する	0100	
動 に食べ物を与える	0096	

意 味	ID	単語を書こう
動 (を)投げる	0089	
動 を修理する，を固定する	0098	
動 (偶然)起こる，(___ to *do* で)偶然～する	0086	
動 を避ける	0091	
動 …かなと思う	0090	
動 (の)写しを取る，(を)まねる	0083	
動 を盗む，盗みをする	0088	
動 を傷つける，痛む	0099	
動 に損傷[損害]を与える	0094	
動 に不合格になる，失敗する	0095	

書いて記憶

学習日　　月　　日

単語	1回目	2回目	3回目	意味
0121 **spread** [spred]				動 広がる，を広げる
0122 **stand** [stænd]				動 を我慢する，立っている
0123 **trade** [treɪd]				動 (を)交換する，貿易をする
0124 **transport** [trænspɔ́:rt]				動 を輸送する
0125 **upset** [ʌpsét]				動 (受身形で)動揺する
0126 **idea** [aɪdí:ə]				名 考え，思いつき，アイデア
0127 **area** [éəriə]				名 地域，区域，領域
0128 **apartment** [əpá:rtmənt]				名 アパート
0129 **lighthouse** [láɪthàus]				名 灯台
0130 **photograph** [fóutəgræ̀f]				名 写真
0131 **reason** [rí:zən]				名 理由，理性
0132 **actor** [ǽktər]				名 俳優
0133 **owner** [óunər]				名 所有者
0134 **fossil** [fá(:)səl]				名 化石
0135 **husband** [hʌ́zbənd]				名 夫
0136 **meal** [mi:l]				名 食事
0137 **excuse** [ɪkskjú:s]				名 言い訳，弁解
0138 **advantage** [ədvǽntɪdʒ]				名 有利な点，利益
0139 **government** [gʌ́vərnmənt]				名 (集合的に)政府
0140 **information** [ìnfərméɪʃən]				名 情報

記憶から引き出す

意味	ID	単語を書こう
動 (を)交換する，貿易をする	0123	
動 広がる，を広げる	0121	
名 写真	0130	
名 言い訳，弁解	0137	
動 を輸送する	0124	
名 (集合的に)政府	0139	
名 考え，思いつき，アイデア	0126	
名 灯台	0129	
名 情報	0140	
名 所有者	0133	

意味	ID	単語を書こう
名 化石	0134	
動 (受身形で)動揺する	0125	
動 を我慢する，立っている	0122	
名 俳優	0132	
名 有利な点，利益	0138	
名 アパート	0128	
名 食事	0136	
名 夫	0135	
名 理由，理性	0131	
名 地域，区域，領域	0127	

Unit 6の復習テスト

⇒答えは前Unitを参考に。忘れていたものは，別冊に書き込もう！

意味	ID	単語を書こう
動 を予約する，を取っておく	0119	
動 (飲食物)を出す，(に)給仕する，(に)仕える	0120	
動 (を)数える	0110	
動 を含む	0112	
動 回復する，を取り戻す	0117	
動 を遅らせる，を延期する	0111	
動 を祝う	0108	
動 を解決する	0102	
動 所属する，属する	0107	
動 (___ up で)目を覚ます，(___ O up で) O を起こす	0103	

意味	ID	単語を書こう
動 (を)生産する，を引き起こす	0115	
動 (に)歓声を上げる，を励ます	0109	
動 のままである，残る	0118	
動 (___ *A B* で) A に B を貸す	0113	
動 (に)忠告する	0105	
動 を取り決める，準備をする	0106	
動 を詰め込む，(を)荷造りする	0114	
動 を調達する，を育てる，を上げる	0101	
動 を浪費する	0104	
動 に到着する	0116	

書いて記憶

学習日　　月　　日

単語	1回目	2回目	3回目	意味
0141 **operation** [à(:)pəréɪʃən]				名 手術，操作
0142 **result** [rɪzʌ́lt]				名 結果，(通例 ~s) 成果
0143 **chance** [tʃæns]				名 機会
0144 **clothes** [klouz]				名 衣服
0145 **couple** [kʌ́pl]				名 2つ3つ，カップル，一対
0146 **experience** [ɪkspíəriəns]				名 経験
0147 **fact** [fækt]				名 事実，実際にあったこと
0148 **future** [fjú:tʃər]				名 (通例 the ~) 将来，未来
0149 **Internet** [íntərnèt]				名 (the ~) インターネット
0150 **ma'am** [mæm]				名 奥様，お嬢様，先生

単語	1回目	2回目	3回目	意味
0151 **puppet** [pʌ́pɪt]				名 操り人形
0152 **accident** [ǽksɪdənt]				名 事故，偶然
0153 **century** [séntʃəri]				名 1世紀，100年(間)
0154 **front** [frʌnt]				名 (the ~) (最)前部，正面，前線
0155 **guest** [gest]				名 客，宿泊客，招待客
0156 **professor** [prəfésər]				名 教授
0157 **sale** [seɪl]				名 販売，特売，セール
0158 **traffic** [trǽfɪk]				名 交通(量)
0159 **vehicle** [ví:əkl]				名 車，乗り物
0160 **character** [kǽrəktər]				名 登場人物，特徴，性格

記憶から引き出す

意味	ID	単語を書こう
名 客，宿泊客，招待客	0155	
名 衣服	0144	
名 販売，特売，セール	0157	
名 経験	0146	
名 交通(量)	0158	
名 (the ～) インターネット	0149	
名 1世紀，100年(間)	0153	
名 教授	0156	
名 事故，偶然	0152	
名 登場人物，特徴，性格	0160	

意味	ID	単語を書こう
名 奥様，お嬢様，先生	0150	
名 (the ～) (最)前部，正面，前線	0154	
名 (通例 the ～) 将来，未来	0148	
名 操り人形	0151	
名 手術，操作	0141	
名 車，乗り物	0159	
名 結果，(通例 ～s) 成果	0142	
名 事実，実際にあったこと	0147	
名 機会	0143	
名 2つ3つ，カップル，一対	0145	

Unit 7の復習テスト

⇒答えは前Unitを参考に。忘れていたものは，別冊に書き込もう！

意味	ID	単語を書こう
動 (受身形で) 動揺する	0125	
名 俳優	0132	
名 地域，区域，領域	0127	
名 考え，思いつき，アイデア	0126	
名 有利な点，利益	0138	
名 写真	0130	
動 広がる，を広げる	0121	
名 灯台	0129	
動 (を)交換する，貿易をする	0123	
名 (集合的に) 政府	0139	

意味	ID	単語を書こう
名 食事	0136	
動 を我慢する，立っている	0122	
名 夫	0135	
名 化石	0134	
名 情報	0140	
動 を輸送する	0124	
名 言い訳，弁解	0137	
名 所有者	0133	
名 理由，理性	0131	
名 アパート	0128	

書いて記憶

学習日　　月　　日

単語	1回目	2回目	3回目	意味
0161 **gift** [gɪft]				名 才能，贈り物
0162 **mistake** [mɪstéɪk]				名 間違い，誤り
0163 **passenger** [pǽsɪndʒər]				名 (列車・飛行機・船などの) 乗客
0164 **shelter** [ʃéltər]				名 避難所，住まい
0165 **sunlight** [sʌ́nlàɪt]				名 日光
0166 **trouble** [trʌ́bl]				名 トラブル，悩み(の種)，もめごと
0167 **address** [ədrés]				名 住所，演説
0168 **audience** [ɔ́:diəns]				名 (集合的に) 観衆，聴衆
0169 **co-worker** [kóuwə̀:rkər]				名 同僚，協力者
0170 **dinosaur** [dáɪnəsɔ̀:r]				名 恐竜
0171 **expert** [ékspə:rt]				名 専門家
0172 **honey** [hʌ́ni]				名 あなた，おまえ (恋人や夫・妻への呼びかけ)，はちみつ
0173 **method** [méθəd]				名 方法
0174 **million** [míljən]				名 百万，(～s) 数百万もの人 [物]
0175 **pigeon** [pídʒən]				名 ハト
0176 **rock** [rɑ(:)k]				名 岩
0177 **service** [sə́:rvəs]				名 サービス，(しばしば ～s) 奉仕
0178 **uniform** [jú:nɪfɔ̀:rm]				名 制服，ユニフォーム
0179 **war** [wɔ:r]				名 戦争
0180 **advice** [ədváɪs]				名 忠告，助言

記憶から引き出す

意 味	ID	単語を書こう
名 あなた，おまえ（恋人や夫・妻への呼びかけ），はちみつ	0172	
名 方法	0173	
名 制服，ユニフォーム	0178	
名 同僚，協力者	0169	
名 住所，演説	0167	
名 ハト	0175	
名 （列車・飛行機・船などの）乗客	0163	
名 専門家	0171	
名 （集合的に）観衆，聴衆	0168	
名 サービス，（しばしば ～s）奉仕	0177	

意 味	ID	単語を書こう
名 才能，贈り物	0161	
名 恐竜	0170	
名 日光	0165	
名 岩	0176	
名 戦争	0179	
名 避難所，住まい	0164	
名 百万，（～s）数百万もの人［物］	0174	
名 間違い，誤り	0162	
名 忠告，助言	0180	
名 トラブル，悩み（の種），もめごと	0166	

Unit 8の復習テスト

⇒答えは前Unitを参考に。忘れていたものは，別冊に書き込もう！

意 味	ID	単語を書こう
名 教授	0156	
名 衣服	0144	
名 事故，偶然	0152	
名 経験	0146	
名 操り人形	0151	
名 客，宿泊客，招待客	0155	
名 （the ～）（最）前部，正面，前線	0154	
名 事実，実際にあったこと	0147	
名 1世紀，100年（間）	0153	
名 2つ3つ，カップル，一対	0145	

意 味	ID	単語を書こう
名 機会	0143	
名 結果，（通例 ～s）成果	0142	
名 （通例 the ～）将来，未来	0148	
名 販売，特売，セール	0157	
名 登場人物，特徴，性格	0160	
名 奥様，お嬢様，先生	0150	
名 交通（量）	0158	
名 手術，操作	0141	
名 （the ～）インターネット	0149	
名 車，乗り物	0159	

書いて記憶

学習日 月 日

単語	1回目	2回目	3回目	意味
0181 article [ɑ́ːrtɪkl]				名 記事
0182 discovery [dɪskʌ́vəri]				名 発見
0183 event [ɪvént]				名 出来事，行事
0184 flight [flaɪt]				名 定期航空便，フライト，飛行
0185 nature [néɪtʃər]				名 (しばしば N-) 自然，性質
0186 navy [néɪvi]				名 (しばしば the N-) 海軍
0187 price [praɪs]				名 価格，(～s) 物価
0188 prize [praɪz]				名 賞，賞品
0189 purpose [pə́ːrpəs]				名 目的
0190 staff [stæf]				名 (集合的に) スタッフ，職員
0191 visitor [vízətər]				名 訪問者
0192 army [ɑ́ːrmi]				名 (通例 the ～) 陸軍，(集合的に) 軍隊
0193 bill [bɪl]				名 請求書，紙幣
0194 center [séntər]				名 中心，センター
0195 choice [tʃɔɪs]				名 (a ～) 選択権，選択
0196 coach [koutʃ]				名 コーチ
0197 community [kəmjúːnəti]				名 コミュニティー，地域社会
0198 condition [kəndíʃən]				名 状態，(～s) 状況，条件
0199 department [dɪpɑ́ːrtmənt]				名 (集合的に) (企業などの) 部，学部，(店の) 売場
0200 desert [dézərt]				名 砂漠，荒れ野

記憶から引き出す

意 味	ID	単語を書こう
名 中心，センター	0194	
名 請求書，紙幣	0193	
名 砂漠，荒れ野	0200	
名 訪問者	0191	
名 コミュニティー，地域社会	0197	
名 発見	0182	
名 目的	0189	
名 (しばしば N-) 自然，性質	0185	
名 状態，(～s) 状況，条件	0198	
名 (通例 the ～) 陸軍，(集合的に) 軍隊	0192	

意 味	ID	単語を書こう
名 (a ～) 選択権，選択	0195	
名 (集合的に) スタッフ，職員	0190	
名 (集合的に) (企業などの) 部，学部，(店の) 売場	0199	
名 定期航空便，フライト，飛行	0184	
名 賞，賞品	0188	
名 コーチ	0196	
名 出来事，行事	0183	
名 記事	0181	
名 価格，(～s) 物価	0187	
名 (しばしば the N-) 海軍	0186	

Unit 9の復習テスト

⇒答えは前Unitを参考に。忘れていたものは，別冊に書き込もう！

意 味	ID	単語を書こう
名 (列車・飛行機・船などの) 乗客	0163	
名 忠告，助言	0180	
名 専門家	0171	
名 日光	0165	
名 同僚，協力者	0169	
名 方法	0173	
名 間違い，誤り	0162	
名 恐竜	0170	
名 戦争	0179	
名 制服，ユニフォーム	0178	

意 味	ID	単語を書こう
名 (集合的に) 観衆，聴衆	0168	
名 避難所，住まい	0164	
名 岩	0176	
名 トラブル，悩み (の種)，もめごと	0166	
名 あなた，おまえ (恋人や夫・妻への呼びかけ)，はちみつ	0172	
名 サービス，(しばしば ～s) 奉仕	0177	
名 住所，演説	0167	
名 百万，(～s) 数百万もの人 [物]	0174	
名 才能，贈り物	0161	
名 ハト	0175	

書いて記憶

学習日　　月　　日

単語	1回目	2回目	3回目	意味
0201 **dessert** [dɪzə́ːrt]				名 デザート
0202 **detail** [díːteɪl]				名 (~s) 詳細，細部
0203 **director** [dəréktər]				名 (映画の) 監督，管理者
0204 **distance** [dístəns]				名 距離
0205 **employee** [ɪmplɔ́ɪiː]				名 従業員
0206 **grade** [greɪd]				名 成績，学年，等級
0207 **health** [helθ]				名 健康 (なこと)，健康状態
0208 **match** [mætʃ]				名 試合
0209 **neighbor** [néɪbər]				名 隣人，近所の人
0210 **novel** [nɑ́(ː)vəl]				名 小説
0211 **performance** [pərfɔ́ːrməns]				名 演技，実行
0212 **research** [ríːsəːrtʃ]				名 調査，研究
0213 **reservation** [rèzərvéɪʃən]				名 (部屋・切符などの) 予約
0214 **restroom** [réstrùːm]				名 (公共建物内の) トイレ，化粧室
0215 **route** [ruːt]				名 道筋，ルート
0216 **secret** [síːkrət]				名 秘密，(通例 the ~) 秘訣，(通例 ~s) 神秘
0217 **statement** [stéɪtmənt]				名 陳述，声明
0218 **symbol** [símbəl]				名 象徴，シンボル
0219 **vegetable** [védʒtəbl]				名 (通例 ~s) 野菜
0220 **victory** [víktəri]				名 勝利

記憶から引き出す

意味	ID	単語を書こう
名 陳述，声明	0217	
名 デザート	0201	
名 (映画の)監督，管理者	0203	
名 (部屋・切符などの)予約	0213	
名 健康(なこと)，健康状態	0207	
名 調査，研究	0212	
名 試合	0208	
名 象徴，シンボル	0218	
名 距離	0204	
名 秘密，(通例 the ～)秘訣，(通例 ～s)神秘	0216	

意味	ID	単語を書こう
名 隣人，近所の人	0209	
名 勝利	0220	
名 道筋，ルート	0215	
名 従業員	0205	
名 成績，学年，等級	0206	
名 (～s)詳細，細部	0202	
名 演技，実行	0211	
名 小説	0210	
名 (通例 ～s)野菜	0219	
名 (公共建物内の)トイレ，化粧室	0214	

Unit 10の復習テスト

⇒答えは前Unitを参考に。忘れていたものは，別冊に書き込もう！

意味	ID	単語を書こう
名 訪問者	0191	
名 記事	0181	
名 出来事，行事	0183	
名 (しばしば the N-)海軍	0186	
名 状態，(～s)状況，条件	0198	
名 発見	0182	
名 砂漠，荒れ野	0200	
名 賞，賞品	0188	
名 (集合的に)(企業などの)部，学部，(店の)売場	0199	
名 (a ～)選択権，選択	0195	

意味	ID	単語を書こう
名 コミュニティー，地域社会	0197	
名 (通例 the ～)陸軍，(集合的に)軍隊	0192	
名 目的	0189	
名 (集合的に)スタッフ，職員	0190	
名 請求書，紙幣	0193	
名 定期航空便，フライト，飛行	0184	
名 (しばしば N-)自然，性質	0185	
名 中心，センター	0194	
名 価格，(～s)物価	0187	
名 コーチ	0196	

書いて記憶

学習日　　月　　日

単語	1回目	2回目	3回目	意味
0221 **view** [vjuː]				名 眺め，見方，（しばしば ~s）意見
0222 **activity** [æktívəti]				名 活動
0223 **adult** [ədʌ́lt]				名 大人
0224 **advertisement** [æ̀dvərtáɪzmənt]				名 広告，宣伝
0225 **amount** [əmáunt]				名 量，（the ~）合計
0226 **anniversary** [æ̀nɪvə́ːrsəri]				名（毎年巡ってくる）記念日
0227 **attention** [əténʃən]				名 注意，注目
0228 **avenue** [ǽvənjùː]				名 大通り
0229 **average** [ǽvərɪdʒ]				名 平均
0230 **boss** [bɔ(ː)s]				名 上司，ボス
0231 **cloth** [klɔ(ː)θ]				名 布
0232 **corner** [kɔ́ːrnər]				名 角(かど)，隅
0233 **costume** [kɑ́(ː)stjuːm]				名 衣装
0234 **countryside** [kʌ́ntrisàɪd]				名（通例 the ~）田舎，田園地帯
0235 **custom** [kʌ́stəm]				名（社会的な）慣習，（個人の）習慣
0236 **customer** [kʌ́stəmər]				名（商店などの）顧客
0237 **degree** [dɪgríː]				名（温度・角度などの）度，程度
0238 **dentist** [déntəst]				名 歯科医
0239 **disaster** [dɪzǽstər]				名 災害，不幸
0240 **drugstore** [drʌ́gstɔ̀ːr]				名 ドラッグストア

記憶から引き出す

意 味	ID	単語を書こう
名 布	0231	
名 (通例 the ～) 田舎, 田園地帯	0234	
名 注意, 注目	0227	
名 広告, 宣伝	0224	
名 角(かど), 隅	0232	
名 平均	0229	
名 活動	0222	
名 上司, ボス	0230	
名 災害, 不幸	0239	
名 眺め, 見方, (しばしば ～s) 意見	0221	

意 味	ID	単語を書こう
名 歯科医	0238	
名 (社会的な) 慣習, (個人の) 習慣	0235	
名 大人	0223	
名 量, (the ～) 合計	0225	
名 ドラッグストア	0240	
名 (温度・角度などの) 度, 程度	0237	
名 (毎年巡ってくる) 記念日	0226	
名 大通り	0228	
名 衣装	0233	
名 (商店などの) 顧客	0236	

Unit 11の復習テスト

⇒答えは前Unitを参考に。忘れていたものは，別冊に書き込もう！

意 味	ID	単語を書こう
名 調査, 研究	0212	
名 勝利	0220	
名 成績, 学年, 等級	0206	
名 道筋, ルート	0215	
名 象徴, シンボル	0218	
名 (公共建物内の) トイレ, 化粧室	0214	
名 隣人, 近所の人	0209	
名 陳述, 声明	0217	
名 試合	0208	
名 従業員	0205	

意 味	ID	単語を書こう
名 秘密, (通例 the ～) 秘訣, (通例 ～s) 神秘	0216	
名 (映画の) 監督, 管理者	0203	
名 (通例 ～s) 野菜	0219	
名 健康(なこと), 健康状態	0207	
名 距離	0204	
名 演技, 実行	0211	
名 (～s) 詳細, 細部	0202	
名 デザート	0201	
名 小説	0210	
名 (部屋・切符などの) 予約	0213	

書いて記憶

学習日　　月　　日

単語	1回目	2回目	3回目	意味
0241 **earthquake** [ə́ːrθkwèɪk]				名 地震
0242 **effort** [éfərt]				名 努力
0243 **entertainment** [èntərtéɪnmənt]				名 娯楽，催し物，もてなし
0244 **environment** [ɪnváɪərənmənt]				名 環境
0245 **favor** [féɪvər]				名 親切な行為，好意
0246 **fee** [fiː]				名 (～s) 授業料，料金，謝礼
0247 **graduation** [grædʒuéɪʃən]				名 卒業，卒業式
0248 **grandparent** [grǽndpèərənt]				名 祖父，祖母
0249 **homestay** [hóumstèɪ]				名 ホームステイ
0250 **industry** [índəstri]				名 産業，工業
0251 **luck** [lʌk]				名 幸運，運
0252 **material** [mətíəriəl]				名 材料，生地，資料
0253 **mayor** [méɪər]				名 市長
0254 **middle** [mídl]				名 (通例 the ～) 真ん中
0255 **miniature** [míniətʃər]				名 ミニチュア，小型の模型，縮小したもの
0256 **moment** [móumənt]				名 瞬間，時点
0257 **network** [nétwə̀ːrk]				名 網状組織，ネットワーク
0258 **organization** [ɔ̀ːrgənəzéɪʃən]				名 組織，団体
0259 **plenty** [plénti]				名 (plenty of で) たくさんの，豊富さ
0260 **pollution** [pəlúːʃən]				名 汚染

記憶から引き出す

意 味	ID	単語を書こう
名 汚染	0260	
名 網状組織，ネットワーク	0257	
名 祖父，祖母	0248	
名 ミニチュア，小型の模型，縮小したもの	0255	
名 市長	0253	
名 (___ of で) たくさんの，豊富さ	0259	
名 地震	0241	
名 親切な行為，好意	0245	
名 (通例 the ～) 真ん中	0254	
名 幸運，運	0251	

意 味	ID	単語を書こう
名 努力	0242	
名 材料，生地，資料	0252	
名 環境	0244	
名 組織，団体	0258	
名 産業，工業	0250	
名 娯楽，催し物，もてなし	0243	
名 ホームステイ	0249	
名 (～s) 授業料，料金，謝礼	0246	
名 瞬間，時点	0256	
名 卒業，卒業式	0247	

Unit 12の復習テスト

⇒答えは前Unitを参考に。忘れていたものは，別冊に書き込もう！

意 味	ID	単語を書こう
名 災害，不幸	0239	
名 衣装	0233	
名 (商店などの) 顧客	0236	
名 大通り	0228	
名 布	0231	
名 量，(the ～) 合計	0225	
名 (通例 the ～) 田舎，田園地帯	0234	
名 大人	0223	
名 歯科医	0238	
名 平均	0229	

意 味	ID	単語を書こう
名 広告，宣伝	0224	
名 活動	0222	
名 (社会的な) 慣習，(個人の) 習慣	0235	
名 (温度・角度などの) 度，程度	0237	
名 注意，注目	0227	
名 ドラッグストア	0240	
名 角，隅	0232	
名 上司，ボス	0230	
名 眺め，見方，(しばしば ～s) 意見	0221	
名 (毎年巡ってくる) 記念日	0226	

書いて記憶

学習日　　月　　日

単語	1回目	2回目	3回目	意味
0261 **president** [prézɪdənt]				名 (しばしば P-) 大統領, (ときに P-) 社長
0262 **project** [prá(:)dʒekt]				名 計画, 事業, プロジェクト
0263 **quality** [kwá(:)ləti]				名 質
0264 **rest** [rest]				名 休み, 休憩
0265 **rule** [ru:l]				名 規則, 支配
0266 **space** [speɪs]				名 宇宙, 余地
0267 **tourist** [tʊ́ərəst]				名 観光客, 旅行者
0268 **transportation** [træ̀nspərtéɪʃən]				名 交通 [輸送] 機関, 輸送
0269 **other** [ʌ́ðər]				形 他の, (the ~) (2つのうちの) もう一方の
0270 **another** [ənʌ́ðər]				形 別の, もう1つ [1人] の
0271 **different** [dɪ́fərənt]				形 違った, いろいろな
0272 **expensive** [ɪkspénsɪv]				形 高価な
0273 **enough** [ɪnʌ́f]				形 十分な
0274 **difficult** [dɪ́fɪkəlt]				形 困難な
0275 **close** [kloʊs]				形 接近した, 親密な
0276 **local** [lóʊkəl]				形 地元の, 局所の
0277 **own** [oʊn]				形 (*one's* own で) 自分自身の
0278 **blind** [blaɪnd]				形 目の見えない
0279 **national** [nǽʃənəl]				形 全国的な, 国民の, 国立の
0280 **following** [fá(:)loʊɪŋ]				形 (the ~) (その) 次の, 以下の

記憶から引き出す

意 味	ID	単語を書こう
形 高価な	0272	
形 (the ~) (その) 次の，以下の	0280	
形 接近した，親密な	0275	
名 質	0263	
名 観光客，旅行者	0267	
名 交通 [輸送] 機関，輸送	0268	
名 宇宙，余地	0266	
形 目の見えない	0278	
形 別の，もう1つ [1人] の	0270	
形 他の，(the ~) (2つのうちの) もう一方の	0269	

意 味	ID	単語を書こう
形 (*one's* ___ で) 自分自身の	0277	
形 地元の，局所の	0276	
形 十分な	0273	
名 (しばしば P-) 大統領，(ときに P-) 社長	0261	
名 計画，事業，プロジェクト	0262	
形 全国的な，国民の，国立の	0279	
形 違った，いろいろな	0271	
形 困難な	0274	
名 休み，休憩	0264	
名 規則，支配	0265	

Unit 13の復習テスト

⇒答えは前Unitを参考に。忘れていたものは，別冊に書き込もう！

意 味	ID	単語を書こう
名 娯楽，催し物，もてなし	0243	
名 網状組織，ネットワーク	0257	
名 環境	0244	
名 ミニチュア，小型の模型，縮小したもの	0255	
名 (~s) 授業料，料金，謝礼	0246	
名 (通例 the ~) 真ん中	0254	
名 組織，団体	0258	
名 幸運，運	0251	
名 祖父，祖母	0248	
名 材料，生地，資料	0252	

意 味	ID	単語を書こう
名 卒業，卒業式	0247	
名 努力	0242	
名 汚染	0260	
名 瞬間，時点	0256	
名 地震	0241	
名 親切な行為，好意	0245	
名 ホームステイ	0249	
名 産業，工業	0250	
名 (___ of で) たくさんの，豊富さ	0259	
名 市長	0253	

書いて記憶

学習日　　月　　日

単語	1回目	2回目	3回目	意味
0281 **international** [ìntərnǽʃənəl]				形 国際的な
0282 **special** [spéʃəl]				形 特別な
0283 **concrete** [kɑ(:)nkrí:t]				形 具体的な，コンクリート製の
0284 **dangerous** [déɪndʒərəs]				形 危険な
0285 **true** [tru:]				形 本当の
0286 **natural** [nǽtʃərəl]				形 自然の，当然の，生まれつきの
0287 **noisy** [nɔ́ɪzi]				形 騒々しい
0288 **safe** [seɪf]				形 安全な，無事で
0289 **several** [sévrəl]				形 数人の，いくつかの
0290 **unusual** [ʌnjú:ʒuəl]				形 異常な，普通でない

単語	1回目	2回目	3回目	意味
0291 **common** [kɑ́(:)mən]				形 共通の，普通の
0292 **friendly** [fréndli]				形 友好的な，人なつっこい
0293 **possible** [pɑ́(:)səbl]				形 可能な，あり得る
0294 **bright** [braɪt]				形 明るい，利口な
0295 **comfortable** [kʌ́mfərtəbl]				形 快適な
0296 **delicious** [dɪlíʃəs]				形 おいしい
0297 **likely** [láɪkli]				形 (*A* is likely to *do* で) A は～しそうである，ありそうな
0298 **past** [pæst]				形 過去の
0299 **wild** [waɪld]				形 野生の，荒れ果てた，乱暴な
0300 **careful** [kéərfəl]				形 注意深い

記憶から引き出す

意味	ID	単語を書こう
形 数人の，いくつかの	0289	
形 本当の	0285	
形 友好的な，人なつっこい	0292	
形 快適な	0295	
形 安全な，無事で	0288	
形 国際的な	0281	
形 可能な，あり得る	0293	
形 明るい，利口な	0294	
形 自然の，当然の，生まれつきの	0286	
形 具体的な，コンクリート製の	0283	

意味	ID	単語を書こう
形 過去の	0298	
形 危険な	0284	
形 騒々しい	0287	
形 (*A* is ___ to *do* で) A は〜しそうである，ありそうな	0297	
形 共通の，普通の	0291	
形 おいしい	0296	
形 野生の，荒れ果てた，乱暴な	0299	
形 特別な	0282	
形 異常な，普通でない	0290	
形 注意深い	0300	

Unit 14の復習テスト

⇒答えは前Unitを参考に。忘れていたものは，別冊に書き込もう！

意味	ID	単語を書こう
形 (the 〜) (その) 次の，以下の	0280	
形 全国的な，国民の，国立の	0279	
形 他の，(the 〜) (2つのうちの) もう一方の	0269	
形 十分な	0273	
形 (*one's* ___ で) 自分自身の	0277	
名 休み，休憩	0264	
形 目の見えない	0278	
形 困難な	0274	
名 規則，支配	0265	
名 交通［輸送］機関，輸送	0268	

意味	ID	単語を書こう
形 違った，いろいろな	0271	
名 計画，事業，プロジェクト	0262	
形 接近した，親密な	0275	
名 宇宙，余地	0266	
形 別の，もう1つ［1人］の	0270	
名 質	0263	
名 観光客，旅行者	0267	
名 (しばしば P-) 大統領，(ときに P-) 社長	0261	
形 地元の，局所の	0276	
形 高価な	0272	

書いて記憶

学習日　　月　　日

単語	1回目	2回目	3回目	意味
0301 cheap [tʃiːp]				形 安い
0302 empty [émpti]				形 空の
0303 extra [ékstrə]				形 追加の，余分の
0304 familiar [fəmíljər]				形 精通して，よく知られた
0305 lonely [lóʊnli]				形 寂しい
0306 loud [laʊd]				形 大声の，派手な
0307 main [meɪn]				形 主な
0308 nearby [nɪərbáɪ]				形 近くの
0309 necessary [nésəsèri]				形 必要な
0310 official [əfíʃəl]				形 公式の，正式の，職務上の
0311 ordinary [ɔ́ːrdənèri]				形 普通の，並の
0312 private [práɪvət]				形 個人的な，私有の，私立の
0313 quiet [kwáɪət]				形 静かな
0314 similar [símələr]				形 類似した
0315 afraid [əfréɪd]				形 (…ではないかと)心配して，怖がって
0316 ancient [éɪnʃənt]				形 古代の，古来の
0317 certain [sə́ːrtən]				形 (はっきりと言わずに)ある，確信して
0318 final [fáɪnəl]				形 最後の
0319 honest [á(ː)nəst]				形 正直な
0320 nervous [nə́ːrvəs]				形 非常に緊張している，神経質な，心配して

記憶から引き出す

意 味	ID	単語を書こう
形 安い	0301	
形 寂しい	0305	
形 近くの	0308	
形 個人的な，私有の，私立の	0312	
形 (はっきりと言わずに) ある，確信して	0317	
形 必要な	0309	
形 普通の，並の	0311	
形 類似した	0314	
形 大声の，派手な	0306	
形 非常に緊張している，神経質な，心配して	0320	

意 味	ID	単語を書こう
形 追加の，余分の	0303	
形 精通して，よく知られた	0304	
形 静かな	0313	
形 最後の	0318	
形 古代の，古来の	0316	
形 (…ではないかと) 心配して，怖がって	0315	
形 公式の，正式の，職務上の	0310	
形 主な	0307	
形 空(から)の	0302	
形 正直な	0319	

Unit 15の復習テスト

⇒答えは前Unitを参考に。忘れていたものは，別冊に書き込もう！

意 味	ID	単語を書こう
形 安全な，無事で	0288	
形 数人の，いくつかの	0289	
形 国際的な	0281	
形 注意深い	0300	
形 可能な，あり得る	0293	
形 快適な	0295	
形 過去の	0298	
形 具体的な，コンクリート製の	0283	
形 友好的な，人なつっこい	0292	
形 本当の	0285	

意 味	ID	単語を書こう
形 明るい，利口な	0294	
形 騒々しい	0287	
形 野生の，荒れ果てた，乱暴な	0299	
形 おいしい	0296	
形 共通の，普通の	0291	
形 自然の，当然の，生まれつきの	0286	
形 危険な	0284	
形 (*A* is ___ to *do* で) A は～しそうである，ありそうな	0297	
形 特別な	0282	
形 異常な，普通でない	0290	

書いて記憶

学習日　　月　　日

単語	1回目	2回目	3回目	意味
0321 **normal** [nɔ́:rməl]				形 普通の，標準の
0322 **portable** [pɔ́:rtəbl]				形 携帯できる
0323 **public** [pʌ́blɪk]				形 公共の，公立の
0324 **recent** [rí:sənt]				形 最近の
0325 **successful** [səksésfəl]				形 成功した
0326 **arctic** [ɑ́:rktɪk]				形 北極の
0327 **asleep** [əslí:p]				形 眠って
0328 **boring** [bɔ́:rɪŋ]				形 退屈な
0329 **calm** [kɑ:m]				形 落ち着いた
0330 **clear** [klɪər]				形 はっきりした，晴れた，澄んだ
0331 **convenient** [kənví:niənt]				形 便利な
0332 **correct** [kərékt]				形 正しい，適切な
0333 **cute** [kju:t]				形 かわいい
0334 **however** [hauévər]				副 しかしながら，どんなに～でも
0335 **even** [í:vən]				副 ～でさえ，(比較級を強調して)さらに
0336 **later** [léɪtər]				副 後で，もっと遅く
0337 **instead** [ɪnstéd]				副 その代わりに
0338 **quickly** [kwíkli]				副 すぐに，急いで
0339 **yet** [jet]				副 (疑問文で)もう，(否定文で)まだ(～ない)
0340 **actually** [ǽktʃuəli]				副 実際に，本当のところは

記憶から引き出す

意味	ID	単語を書こう
形 公共の，公立の	0323	
形 退屈な	0328	
副 しかしながら，どんなに～でも	0334	
副 後で，もっと遅く	0336	
形 落ち着いた	0329	
副 その代わりに	0337	
形 はっきりした，晴れた，澄んだ	0330	
形 眠って	0327	
副 ～でさえ，(比較級を強調して) さらに	0335	
形 正しい，適切な	0332	

意味	ID	単語を書こう
形 普通の，標準の	0321	
副 すぐに，急いで	0338	
形 携帯できる	0322	
形 成功した	0325	
副 (疑問文で) もう，(否定文で) まだ (～ない)	0339	
形 北極の	0326	
形 便利な	0331	
形 最近の	0324	
副 実際に，本当のところは	0340	
形 かわいい	0333	

Unit 16の復習テスト

⇒答えは前Unitを参考に。忘れていたものは，別冊に書き込もう！

意味	ID	単語を書こう
形 公式の，正式の，職務上の	0310	
形 (…ではないかと) 心配して，怖がって	0315	
形 個人的な，私有の，私立の	0312	
形 必要な	0309	
形 安い	0301	
形 主な	0307	
形 追加の，余分の	0303	
形 空(から)の	0302	
形 近くの	0308	
形 普通の，並の	0311	

意味	ID	単語を書こう
形 静かな	0313	
形 精通して，よく知られた	0304	
形 正直な	0319	
形 寂しい	0305	
形 (はっきりと言わずに) ある，確信して	0317	
形 非常に緊張している，神経質な，心配して	0320	
形 類似した	0314	
形 最後の	0318	
形 古代の，古来の	0316	
形 大声の，派手な	0306	

書いて記憶

学習日　　月　　日

単語	1回目	2回目	3回目	意味
0341 **recently** [ríːsəntli]				副 最近，近ごろ
0342 **though** [ðou]				副 でも，やっぱり
0343 **far** [fɑːr]				副 (距離が)遠くに，(時間が)はるかに
0344 **outside** [àutsáɪd]				副 外に[で]
0345 **almost** [ɔ́ːlmòust]				副 もう少しで(～するところだ)，ほとんど
0346 **else** [els]				副 その他に，代わりに
0347 **probably** [prɑ́(ː)bəbli]				副 たぶん
0348 **finally** [fáɪnəli]				副 ついに，最後に
0349 **luckily** [lʌ́kɪli]				副 運良く
0350 **nearly** [níərli]				副 ほとんど
0351 **sometime** [sʌ́mtàɪm]				副 (未来の)いつか，(過去の)ある時，かつて
0352 **inside** [ìnsáɪd]				副 屋内に[で]，内側に[で]
0353 **once** [wʌns]				副 一度，かつて
0354 **pretty** [príti]				副 なかなか，結構，わりに
0355 **afterward** [ǽftərwərd]				副 後で
0356 **anymore** [ènimɔ́ːr]				副 (否定文で)これ以上(～ない)
0357 **easily** [íːzɪli]				副 気楽に，たやすく，簡単に
0358 **moreover** [mɔːróuvər]				副 その上
0359 **quite** [kwaɪt]				副 とても，かなり，全く
0360 **regularly** [régjulərli]				副 定期的に，規則正しく

記憶から引き出す

意 味	ID	単語を書こう
副 (距離が)遠くに，(時間が)はるかに	0343	
副 最近，近ごろ	0341	
副 屋内に[で]，内側に[で]	0352	
副 ついに，最後に	0348	
副 もう少しで(〜するところだ)，ほとんど	0345	
副 とても，かなり，全く	0359	
副 気楽に，たやすく，簡単に	0357	
副 その他に，代わりに	0346	
副 たぶん	0347	
副 なかなか，結構，わりに	0354	

意 味	ID	単語を書こう
副 一度，かつて	0353	
副 (否定文で)これ以上(〜ない)	0356	
副 でも，やっぱり	0342	
副 外に[で]	0344	
副 (未来の)いつか，(過去の)ある時，かつて	0351	
副 定期的に，規則正しく	0360	
副 後で	0355	
副 その上	0358	
副 ほとんど	0350	
副 運良く	0349	

Unit 17の復習テスト

⇒答えは前Unitを参考に。忘れていたものは，別冊に書き込もう！

意 味	ID	単語を書こう
副 その代わりに	0337	
形 落ち着いた	0329	
副 後で，もっと遅く	0336	
形 眠って	0327	
副 〜でさえ，(比較級を強調して)さらに	0335	
副 実際に，本当のところは	0340	
形 はっきりした，晴れた，澄んだ	0330	
形 携帯できる	0322	
副 しかしながら，どんなに〜でも	0334	
副 (疑問文で)もう，(否定文で)まだ(〜ない)	0339	

意 味	ID	単語を書こう
形 最近の	0324	
形 正しい，適切な	0332	
形 便利な	0331	
形 北極の	0326	
形 退屈な	0328	
形 成功した	0325	
形 公共の，公立の	0323	
副 すぐに，急いで	0338	
形 かわいい	0333	
形 普通の，標準の	0321	

書いて記憶

学習日　　　月　　　日

単語	1回目	2回目	3回目	意味
0361 **twice** [twaɪs]				副 2回，2度
0362 **ahead** [əhéd]				副 (位置的に)前方に[へ]，(時間的に)前もって
0363 **completely** [kəmplí:tli]				副 完全に
0364 **gradually** [grǽdʒuəli]				副 徐々に
0365 **while** [*h*waɪl]				接 …している間に，…ではあるが
0366 **although** [ɔ:lðóʊ]				接 …だけれども
0367 **through** [θru:]				前 ～を通って，～を通じて，～中ずっと
0368 **against** [əgénst]				前 ～に反対して，～を対戦相手として
0369 **below** [bɪlóʊ]				前 ～より下に
0370 **behind** [bɪháɪnd]				前 ～の後ろに
0371 **throughout** [θru:áʊt]				前 (時について)～の間ずっと，(場所について)～の至るところに
0372 **unlike** [ʌ̀nláɪk]				前 ～と異なって，～らしくない
0373 **within** [wɪðín]				前 ～以内で[に]

記憶から引き出す

意 味	ID	単語を書こう
前 ～を通って，～を通じて，～中ずっと	0367	
副 完全に	0363	
前 ～より下に	0369	
接 …だけれども	0366	
前 ～と異なって，～らしくない	0372	
前 ～に反対して，～を対戦相手として	0368	
副 2回，2度	0361	

意 味	ID	単語を書こう
前 ～以内で［に］	0373	
前 ～の後ろに	0370	
副 (位置的に)前方に［へ］，(時間的に)前もって	0362	
接 …している間に，…ではあるが	0365	
前 (時について)～の間ずっと，(場所について)～の至るところに	0371	
副 徐々に	0364	

Unit 18の復習テスト

⇒答えは前Unitを参考に。忘れていたものは，別冊に書き込もう！

意 味	ID	単語を書こう
副 一度，かつて	0353	
副 運良く	0349	
副 (距離が)遠くに，(時間が)はるかに	0343	
副 ほとんど	0350	
副 (否定文で)これ以上(～ない)	0356	
副 ついに，最後に	0348	
副 後で	0355	
副 たぶん	0347	
副 外に［で］	0344	
副 その上	0358	

意 味	ID	単語を書こう
副 定期的に，規則正しく	0360	
副 とても，かなり，全く	0359	
副 最近，近ごろ	0341	
副 その他に，代わりに	0346	
副 もう少しで(～するところだ)，ほとんど	0345	
副 (未来の)いつか，(過去の)ある時，かつて	0351	
副 なかなか，結構，わりに	0354	
副 気楽に，たやすく，簡単に	0357	
副 屋内に［で］，内側に［で］	0352	
副 でも，やっぱり	0342	

Unit 19の復習テスト

⇒答えは本Unitを参考に。忘れていたものは，別冊に書き込もう！

意味	ID	単語を書こう
前 ～に反対して，～を対戦相手として	0368	
前 ～以内で［に］	0373	
前 (時について)～の間ずっと，(場所について)～の至るところに	0371	
接 …している間に，…ではあるが	0365	
前 ～を通って，～を通じて，～中ずっと	0367	
副 2回，2度	0361	
副 完全に	0363	

意味	ID	単語を書こう
接 …だけれども	0366	
副 (位置的に)前方に［へ］，(時間的に)前もって	0362	
前 ～と異なって，～らしくない	0372	
副 徐々に	0364	
前 ～の後ろに	0370	
前 ～より下に	0369	

単語編

でる度 B よくでる重要単語

362

Unit 20
～
Unit 37

書いて記憶

学習日　　月　　日

単語	1回目	2回目	3回目	意味
0374 **accept** [əksépt]				動 を受け入れる，を受け取る
0375 **aim** [eɪm]				動 狙う，目指す
0376 **collect** [kəlékt]				動 を集める
0377 **control** [kəntróʊl]				動 を管理する，を支配する，を制御する
0378 **deliver** [dɪlívər]				動 (を)配達する
0379 **develop** [dɪvéləp]				動 を開発する，を発達させる
0380 **disappear** [dìsəpíər]				動 姿を消す，消息を絶つ
0381 **disappoint** [dìsəpɔ́ɪnt]				動 (受身形で) 失望する，を失望させる
0382 **dislike** [dɪsláɪk]				動 を嫌う
0383 **explain** [ɪkspléɪn]				動 (を)説明する
0384 **fight** [faɪt]				動 戦う
0385 **film** [fɪlm]				動 (を)撮影する，を映画化する
0386 **gather** [gǽðər]				動 集まる，を集める
0387 **hang** [hæŋ]				動 をつるす，をかける
0388 **hide** [haɪd]				動 隠れる，を隠す
0389 **hit** [hɪt]				動 を打つ，にぶつかる
0390 **imagine** [ɪmǽdʒɪn]				動 (を)想像する
0391 **invent** [ɪnvént]				動 を発明する
0392 **limit** [límət]				動 を制限する
0393 **melt** [melt]				動 溶ける，を溶かす

記憶から引き出す

意 味	ID	単語を書こう
動 (を)撮影する，を映画化する	0385	
動 を開発する，を発達させる	0379	
動 狙う，目指す	0375	
動 姿を消す，消息を絶つ	0380	
動 を制限する	0392	
動 (を)想像する	0390	
動 溶ける，を溶かす	0393	
動 隠れる，を隠す	0388	
動 (受身形で)失望する，を失望させる	0381	
動 を集める	0376	

意 味	ID	単語を書こう
動 をつるす，をかける	0387	
動 を打つ，にぶつかる	0389	
動 集まる，を集める	0386	
動 を受け入れる，を受け取る	0374	
動 戦う	0384	
動 を発明する	0391	
動 (を)説明する	0383	
動 を管理する，を支配する，を制御する	0377	
動 を嫌う	0382	
動 (を)配達する	0378	

書いて記憶

学習日　　月　　日

単語	1回目	2回目	3回目	意味
0394 notice [nóutəs]				動 (に)気づく
0395 organize [ɔ́:rɡənàɪz]				動 を主催する，を組織する
0396 paint [peɪnt]				動 にペンキを塗る，の絵を描く
0397 promise [prá(:)məs]				動 (を)約束する
0398 publish [pʌ́blɪʃ]				動 を出版する
0399 quit [kwɪt]				動 (を)やめる
0400 recognize [rékəɡnàɪz]				動 (～を見て[聞いて])それと分かる，を認識する，を認める
0401 rely [rɪláɪ]				動 頼る，依存する
0402 rescue [réskju:]				動 を救助する
0403 sail [seɪl]				動 航海する

単語	1回目	2回目	3回目	意味
0404 shape [ʃeɪp]				動 を形作る，を形成する
0405 stress [stres]				動 (受身形で)ストレスがたまっている
0406 support [səpɔ́:rt]				動 を支持する，を支える
0407 surf [sə:rf]				動 (ホームページなどを)見て回る，サーフィンをする
0408 surprise [sərpráɪz]				動 (受身形で)驚く，を驚かせる
0409 surround [səráund]				動 を囲む
0410 warn [wɔ:rn]				動 に警告する
0411 weigh [weɪ]				動 の重さがある，の重さを量る
0412 whisper [hwíspər]				動 (を)ささやく
0413 access [ǽkses]				動 にアクセスする，に近づく

記憶から引き出す

意味	ID	単語を書こう
動 を支持する，を支える	0406	
動 にアクセスする，に近づく	0413	
動 に警告する	0410	
動 (を)約束する	0397	
動 頼る，依存する	0401	
動 (を)ささやく	0412	
動 (～を見て［聞いて］)それと分かる，を認識する，を認める	0400	
動 (受身形で)驚く，を驚かせる	0408	
動 を囲む	0409	
動 を主催する，を組織する	0395	

意味	ID	単語を書こう
動 (ホームページなどを)見て回る，サーフィンをする	0407	
動 を出版する	0398	
動 を形作る，を形成する	0404	
動 (を)やめる	0399	
動 を救助する	0402	
動 (受身形で)ストレスがたまっている	0405	
動 (に)気づく	0394	
動 の重さがある，の重さを量る	0411	
動 にペンキを塗る，の絵を描く	0396	
動 航海する	0403	

Unit 20の復習テスト

⇒答えは前Unitを参考に。忘れていたものは，別冊に書き込もう！

意味	ID	単語を書こう
動 狙う，目指す	0375	
動 (を)説明する	0383	
動 を嫌う	0382	
動 を受け入れる，を受け取る	0374	
動 を発明する	0391	
動 戦う	0384	
動 を制限する	0392	
動 をつるす，をかける	0387	
動 (を)撮影する，を映画化する	0385	
動 姿を消す，消息を絶つ	0380	

意味	ID	単語を書こう
動 を管理する，を支配する，を制御する	0377	
動 (受身形で)失望する，を失望させる	0381	
動 隠れる，を隠す	0388	
動 集まる，を集める	0386	
動 を集める	0376	
動 溶ける，を溶かす	0393	
動 (を)配達する	0378	
動 を打つ，にぶつかる	0389	
動 (を)想像する	0390	
動 を開発する，を発達させる	0379	

書いて記憶

学習日　　月　　日

単語	1回目	2回目	3回目	意味
0414 **achieve** [ətʃíːv]				動 を達成する，を成し遂げる
0415 **attack** [ətǽk]				動 (を)攻撃する
0416 **attend** [əténd]				動 (に)出席する，の世話をする
0417 **balance** [bǽləns]				動 (の)バランスを取る
0418 **block** [blɑ(ː)k]				動 を邪魔する，をふさぐ
0419 **blow** [bloʊ]				動 (blow up で)をふくらませる，(風が)吹く
0420 **compare** [kəmpéər]				動 を比較する
0421 **date** [deɪt]				動 (と)デートする
0422 **decorate** [dékərèɪt]				動 を飾る
0423 **decrease** [dìːkríːs]				動 減少する，を減少させる
0424 **destroy** [dɪstrɔ́ɪ]				動 を破壊する
0425 **dig** [dɪg]				動 を掘る
0426 **discover** [dɪskʌ́vər]				動 を発見する
0427 **discuss** [dɪskʌ́s]				動 について議論する
0428 **draw** [drɔː]				動 を描く，を引く
0429 **earn** [əːrn]				動 (金銭など)を稼ぐ，(名声など)を得る
0430 **exhibit** [ɪgzíbət]				動 を展示する
0431 **fill** [fɪl]				動 を満たす
0432 **flow** [floʊ]				動 流れる
0433 **forgive** [fərgív]				動 (人・罪など)を許す

記憶から引き出す

意味	ID	単語を書こう
動 (と)デートする	0421	
動 を飾る	0422	
動 を満たす	0431	
動 を邪魔する，をふさぐ	0418	
動 を展示する	0430	
動 (の)バランスを取る	0417	
動 を破壊する	0424	
動 (金銭など)を稼ぐ，(名声など)を得る	0429	
動 (に)出席する，の世話をする	0416	
動 を掘る	0425	

意味	ID	単語を書こう
動 流れる	0432	
動 (____ up で)をふくらませる，(風が)吹く	0419	
動 を描く，を引く	0428	
動 を達成する，を成し遂げる	0414	
動 (人・罪など)を許す	0433	
動 を比較する	0420	
動 を発見する	0426	
動 減少する，を減少させる	0423	
動 について議論する	0427	
動 (を)攻撃する	0415	

単語編

でる度 B

0414 ～ 0433

Unit 21の復習テスト

⇒答えは前Unitを参考に。忘れていたものは，別冊に書き込もう！

意味	ID	単語を書こう
動 (～を見て[聞いて])それと分かる，を認識する，を認める	0400	
動 (ホームページなどを)見て回る，サーフィンをする	0407	
動 頼る，依存する	0401	
動 (を)やめる	0399	
動 の重さがある，の重さを量る	0411	
動 にペンキを塗る，の絵を描く	0396	
動 (を)約束する	0397	
動 (受身形で)驚く，を驚かせる	0408	
動 を出版する	0398	
動 (受身形で)ストレスがたまっている	0405	

意味	ID	単語を書こう
動 (に)気づく	0394	
動 にアクセスする，に近づく	0413	
動 を救助する	0402	
動 を囲む	0409	
動 を形作る，を形成する	0404	
動 を支持する，を支える	0406	
動 (を)ささやく	0412	
動 航海する	0403	
動 に警告する	0410	
動 を主催する，を組織する	0395	

書いて記憶

学習日　　月　　日

単語	1回目	2回目	3回目	意味
0434 **freeze** [fri:z]				動 凍る，を凍らせる
0435 **hire** [háɪər]				動 を雇う
0436 **hunt** [hʌnt]				動 探し求める，を狩る，狩りをする
0437 **impress** [ɪmprés]				動 (受身形で) 感心する，感銘を受ける，に(良い)印象を与える
0438 **injure** [índʒər]				動 を傷つける
0439 **judge** [dʒʌdʒ]				動 を判断する，裁く
0440 **lift** [lɪft]				動 を持ち上げる
0441 **locate** [lóukeɪt]				動 (受身形で) 位置する，を配置する，を設ける
0442 **measure** [méʒər]				動 を測定する
0443 **memorize** [méməràɪz]				動 を暗記する，を記憶する
0444 **park** [pɑːrk]				動 を駐車する
0445 **pour** [pɔːr]				動 を注ぐ
0446 **press** [pres]				動 (を)押す，(に)アイロンをかける
0447 **prevent** [prɪvént]				動 を防ぐ，を妨げる
0448 **provide** [prəváɪd]				動 に供給する
0449 **pull** [pul]				動 (を)引く
0450 **push** [puʃ]				動 (を)押す
0451 **recycle** [rìːsáɪkl]				動 (を)再生利用する
0452 **reduce** [rɪdjúːs]				動 を減らす，減る
0453 **remove** [rɪmúːv]				動 を取り除く，を移動させる

記憶から引き出す

意 味	ID	単語を書こう
動 を防ぐ，を妨げる	0447	
動 (を)引く	0449	
動 を暗記する，を記憶する	0443	
動 (を)押す，(に)アイロンをかける	0446	
動 を注ぐ	0445	
動 を取り除く，を移動させる	0453	
動 を駐車する	0444	
動 を雇う	0435	
動 (を)押す	0450	
動 を傷つける	0438	

意 味	ID	単語を書こう
動 (を)再生利用する	0451	
動 凍る，を凍らせる	0434	
動 に供給する	0448	
動 を測定する	0442	
動 探し求める，を狩る，狩りをする	0436	
動 を判断する，裁く	0439	
動 を減らす，減る	0452	
動 を持ち上げる	0440	
動 (受身形で)位置する，を配置する，を設ける	0441	
動 (受身形で)感心する，感銘を受ける，に(良い)印象を与える	0437	

Unit 22の復習テスト

⇒答えは前Unitを参考に。忘れていたものは，別冊に書き込もう！

意 味	ID	単語を書こう
動 を描く，を引く	0428	
動 を発見する	0426	
動 (金銭など)を稼ぐ，(名声など)を得る	0429	
動 (人・罪など)を許す	0433	
動 について議論する	0427	
動 流れる	0432	
動 (を)攻撃する	0415	
動 を比較する	0420	
動 減少する，を減少させる	0423	
動 を掘る	0425	

意 味	ID	単語を書こう
動 (の)バランスを取る	0417	
動 を展示する	0430	
動 を破壊する	0424	
動 (に)出席する，の世話をする	0416	
動 (と)デートする	0421	
動 を達成する，を成し遂げる	0414	
動 を飾る	0422	
動 (____ up で)をふくらませる，(風が)吹く	0419	
動 を邪魔する，をふさぐ	0418	
動 を満たす	0431	

書いて記憶

学習日　　月　　日

単語	1回目	2回目	3回目	意味
0454 **repeat** [rɪpíːt]				動 復唱する，(を)繰り返す
0455 **replace** [rɪpléɪs]				動 を取り換える
0456 **require** [rɪkwáɪər]				動 を必要とする
0457 **retire** [rɪtáɪər]				動 退く
0458 **ring** [rɪŋ]				動 鳴る，を鳴らす
0459 **scream** [skriːm]				動 叫び声を上げる
0460 **shout** [ʃaut]				動 (を)叫ぶ，(を)大声で言う
0461 **stare** [steər]				動 じっと見つめる
0462 **suggest** [səgdʒést]				動 を提案する，を暗示する
0463 **survive** [sərváɪv]				動 (を)生き残る
0464 **touch** [tʌtʃ]				動 (に)触れる，を感動させる
0465 **trap** [træp]				動 を閉じ込める，(動物)をわなで捕らえる
0466 **treat** [triːt]				動 を取り扱う，を治療する
0467 **trust** [trʌst]				動 を信用［信頼］する
0468 **volunteer** [vɑ̀(ː)ləntíər]				動 ボランティアをする，(を)自発的に引き受ける
0469 **act** [ækt]				動 (を)演じる，行動する
0470 **admit** [ədmít]				動 (入場・入学など)を認める，を(事実・妥当だと)認める
0471 **advertise** [ǽdvərtàɪz]				動 (を)宣伝する
0472 **afford** [əfɔ́ːrd]				動 (時間的・経済的に)を持つ［する］余裕がある
0473 **announce** [ənáuns]				動 を発表する

記憶から引き出す

意 味	ID	単語を書こう
動 を閉じ込める，（動物）をわなで捕らえる	0465	
動 を必要とする	0456	
動 （を）生き残る	0463	
動 を信用［信頼］する	0467	
動 を取り換える	0455	
動 （を）叫ぶ，（を）大声で言う	0460	
動 を提案する，を暗示する	0462	
動 を取り扱う，を治療する	0466	
動 じっと見つめる	0461	
動 （入場・入学など）を認める，を（事実・妥当だと）認める	0470	

意 味	ID	単語を書こう
動 鳴る，を鳴らす	0458	
動 を発表する	0473	
動 叫び声を上げる	0459	
動 ボランティアをする，（を）自発的に引き受ける	0468	
動 退く	0457	
動 （を）宣伝する	0471	
動 復唱する，（を）繰り返す	0454	
動 （に）触れる，を感動させる	0464	
動 （時間的・経済的に）を持つ［する］余裕がある	0472	
動 （を）演じる，行動する	0469	

単語編

でる度 B

0454 ～ 0473

Unit 23の復習テスト

⇒答えは前Unitを参考に。忘れていたものは，別冊に書き込もう！

意 味	ID	単語を書こう
動 を雇う	0435	
動 （を）引く	0449	
動 を注ぐ	0445	
動 を防ぐ，を妨げる	0447	
動 （を）押す，（に）アイロンをかける	0446	
動 凍る，を凍らせる	0434	
動 探し求める，を狩る，狩りをする	0436	
動 を測定する	0442	
動 に供給する	0448	
動 を取り除く，を移動させる	0453	

意 味	ID	単語を書こう
動 を駐車する	0444	
動 （を）押す	0450	
動 を傷つける	0438	
動 を暗記する，を記憶する	0443	
動 を判断する，裁く	0439	
動 （を）再生利用する	0451	
動 を減らす，減る	0452	
動 を持ち上げる	0440	
動 （受身形で）位置する，を配置する，を設ける	0441	
動 （受身形で）感心する，感銘を受ける，に（良い）印象を与える	0437	

書いて記憶

学習日　　月　　日

単語	1回目	2回目	3回目	意味
0474 **apologize** [əpá(:)lədʒàɪz]				動 謝る
0475 **apply** [əpláɪ]				動 申し込む，当てはまる
0476 **approach** [əpróutʃ]				動 に接近する
0477 **argue** [á:rgju:]				動 と主張する，言い争う
0478 **attract** [ətrǽkt]				動 (受身形で)魅了される，の心をとらえる，(注意・興味など)を引く
0479 **award** [əwɔ́:rd]				動 (賞など)を与える
0480 **bark** [bɑ:rk]				動 (犬などが)ほえる
0481 **behave** [bɪhéɪv]				動 振る舞う，行動する
0482 **breathe** [bri:ð]				動 呼吸する
0483 **brush** [brʌʃ]				動 にブラシをかける
0484 **burn** [bə:rn]				動 燃える，を燃やす
0485 **appointment** [əpɔ́ɪntmənt]				名 (面会などの)予約，約束，任命
0486 **ballet** [bæléɪ]				名 (しばしば the ~)バレエ
0487 **capital** [kǽpətəl]				名 首都，資本，大文字
0488 **ceremony** [sérəmòuni]				名 儀式
0489 **chef** [ʃef]				名 シェフ，料理長，料理人
0490 **climate** [kláɪmət]				名 気候
0491 **coast** [koust]				名 海岸，沿岸
0492 **commercial** [kəmə́:rʃəl]				名 コマーシャル
0493 **credit** [krédət]				名 クレジット，信用

記憶から引き出す

意味	ID	単語を書こう
動 燃える，を燃やす	0484	
動 (犬などが)ほえる	0480	
動 に接近する	0476	
動 にブラシをかける	0483	
動 (賞など)を与える	0479	
動 と主張する，言い争う	0477	
名 儀式	0488	
名 気候	0490	
動 申し込む，当てはまる	0475	
名 海岸，沿岸	0491	

意味	ID	単語を書こう
動 謝る	0474	
名 (しばしば the ～)バレエ	0486	
名 コマーシャル	0492	
名 クレジット，信用	0493	
名 首都，資本，大文字	0487	
動 (受身形で)魅了される，の心をとらえる，(注意・興味など)を引く	0478	
名 (面会などの)予約，約束，任命	0485	
名 シェフ，料理長，料理人	0489	
動 振る舞う，行動する	0481	
動 呼吸する	0482	

Unit 24の復習テスト

⇒答えは前Unitを参考に。忘れていたものは，別冊に書き込もう！

意味	ID	単語を書こう
動 じっと見つめる	0461	
動 を必要とする	0456	
動 (に)触れる，を感動させる	0464	
動 を取り換える	0455	
動 鳴る，を鳴らす	0458	
動 を取り扱う，を治療する	0466	
動 (を)演じる，行動する	0469	
動 を発表する	0473	
動 (を)生き残る	0463	
動 を閉じ込める，(動物)をわなで捕らえる	0465	

意味	ID	単語を書こう
動 復唱する，(を)繰り返す	0454	
動 (を)叫ぶ，(を)大声で言う	0460	
動 を提案する，を暗示する	0462	
動 (入場・入学など)を認める，を(事実・妥当だと)認める	0470	
動 を信用［信頼］する	0467	
動 叫び声を上げる	0459	
動 ボランティアをする，(を)自発的に引き受ける	0468	
動 退く	0457	
動 (を)宣伝する	0471	
動 (時間的・経済的に)を持つ［する］余裕がある	0472	

書いて記憶

学習日　　月　　日

単語	1回目	2回目	3回目	意味
0494 **decoration** [dèkəréɪʃən]				名 飾り，装飾
0495 **dormitory** [dɔ́:rmətɔ̀:ri]				名 寮，寄宿舎
0496 **exhibition** [èksɪbíʃən]				名 展覧会，展示会
0497 **experiment** [ɪkspérɪmənt]				名 実験
0498 **factory** [fǽktəri]				名 工場
0499 **freedom** [frí:dəm]				名 自由
0500 **height** [haɪt]				名 高さ
0501 **hero** [hí:roʊ]				名 英雄，（男性の）主人公
0502 **image** [ímɪdʒ]				名 イメージ，映像，肖像
0503 **insect** [ínsekt]				名 虫，昆虫
0504 **journey** [dʒə́:rni]				名（陸路の）旅行
0505 **knowledge** [ná(:)lɪdʒ]				名 知識
0506 **level** [lévəl]				名 水準，レベル
0507 **medicine** [médsən]				名 薬，医学
0508 **memory** [méməri]				名 思い出，記憶力
0509 **noise** [nɔɪz]				名 騒音
0510 **plastic** [plǽstɪk]				名 プラスチック
0511 **police** [pəlí:s]				名（the ～）警察
0512 **principal** [prínsəpəl]				名 校長
0513 **sight** [saɪt]				名 視力，見ること，光景

記憶から引き出す

意 味	ID	単語を書こう
名 薬，医学	0507	
名 高さ	0500	
名 英雄，(男性の)主人公	0501	
名 視力，見ること，光景	0513	
名 虫，昆虫	0503	
名 騒音	0509	
名 知識	0505	
名 校長	0512	
名 実験	0497	
名 自由	0499	

意 味	ID	単語を書こう
名 (陸路の)旅行	0504	
名 プラスチック	0510	
名 思い出，記憶力	0508	
名 展覧会，展示会	0496	
名 水準，レベル	0506	
名 工場	0498	
名 (the ～)警察	0511	
名 イメージ，映像，肖像	0502	
名 飾り，装飾	0494	
名 寮，寄宿舎	0495	

Unit 25の復習テスト

⇒答えは前Unitを参考に。忘れていたものは，別冊に書き込もう！

意 味	ID	単語を書こう
名 (しばしば the ～)バレエ	0486	
動 呼吸する	0482	
動 申し込む，当てはまる	0475	
動 燃える，を燃やす	0484	
動 に接近する	0476	
名 首都，資本，大文字	0487	
動 (犬などが)ほえる	0480	
動 謝る	0474	
動 にブラシをかける	0483	
名 クレジット，信用	0493	

意 味	ID	単語を書こう
動 振る舞う，行動する	0481	
動 (受身形で)魅了される，の心をとらえる，(注意・興味など)を引く	0478	
名 コマーシャル	0492	
動 (賞など)を与える	0479	
名 (面会などの)予約，約束，任命	0485	
名 シェフ，料理長，料理人	0489	
名 海岸，沿岸	0491	
名 気候	0490	
動 と主張する，言い争う	0477	
名 儀式	0488	

書いて記憶

学習日　　月　　日

単語	1回目	2回目	3回目	意味
0514 **success** [səksés]				名 成功
0515 **temperature** [témpərətʃər]				名 気温, 温度, 体温
0516 **tournament** [túərnəmənt]				名 トーナメント, 勝ち抜き試合
0517 **variety** [vəráɪəti]				名 (a ~) いろいろ, 多様性
0518 **ability** [əbíləti]				名 能力
0519 **agreement** [əgríːmənt]				名 合意, 協定
0520 **athlete** [ǽθliːt]				名 運動選手
0521 **author** [ɔ́ːθər]				名 作家, 著者
0522 **backyard** [bækjáːrd]				名 裏庭
0523 **bacteria** [bæktíəriə]				名 バクテリア, 細菌(類)
0524 **beauty** [bjúːti]				名 美, 美人
0525 **behavior** [bɪhéɪvjər]				名 振る舞い, 行動
0526 **blossom** [blá(ː)səm]				名 (果樹などの)花
0527 **carpenter** [káːrpəntər]				名 大工
0528 **cash** [kæʃ]				名 現金
0529 **charity** [tʃǽrəti]				名 慈善(事業)
0530 **communication** [kəmjùːnɪkéɪʃən]				名 コミュニケーション, 伝達
0531 **conference** [ká(ː)nfərəns]				名 (公式の)会議, 協議会
0532 **convenience** [kənvíːniəns]				名 便利
0533 **crop** [krɑ(ː)p]				名 作物, 収穫高

記憶から引き出す

意味	ID	単語を書こう
名 作物，収穫高	0533	
名 美，美人	0524	
名 バクテリア，細菌（類）	0523	
名 （公式の）会議，協議会	0531	
名 大工	0527	
名 便利	0532	
名 コミュニケーション，伝達	0530	
名 合意，協定	0519	
名 現金	0528	
名 裏庭	0522	

意味	ID	単語を書こう
名 運動選手	0520	
名 能力	0518	
名 トーナメント，勝ち抜き試合	0516	
名 慈善（事業）	0529	
名 (a ～)いろいろ，多様性	0517	
名 振る舞い，行動	0525	
名 気温，温度，体温	0515	
名 作家，著者	0521	
名 成功	0514	
名 （果樹などの）花	0526	

Unit 26の復習テスト

⇒答えは前Unitを参考に。忘れていたものは，別冊に書き込もう！

意味	ID	単語を書こう
名 (the ～)警察	0511	
名 騒音	0509	
名 知識	0505	
名 プラスチック	0510	
名 （陸路の）旅行	0504	
名 校長	0512	
名 寮，寄宿舎	0495	
名 英雄，（男性の）主人公	0501	
名 薬，医学	0507	
名 虫，昆虫	0503	

意味	ID	単語を書こう
名 水準，レベル	0506	
名 飾り，装飾	0494	
名 展覧会，展示会	0496	
名 思い出，記憶力	0508	
名 工場	0498	
名 イメージ，映像，肖像	0502	
名 実験	0497	
名 自由	0499	
名 視力，見ること，光景	0513	
名 高さ	0500	

書いて記憶

学習日　　月　　日

単語	1回目	2回目	3回目	意味
0534 **difficulty** [dífɪkəlti]				名 困難
0535 **direction** [dərékʃən]				名 方向，(～s) 指示
0536 **discount** [dískaʊnt]				名 割引，値引
0537 **disease** [dɪzíːz]				名 病気
0538 **education** [èdʒəkéɪʃən]				名 教育
0539 **effect** [ɪfékt]				名 影響，結果
0540 **enemy** [énəmi]				名 敵
0541 **energy** [énərdʒi]				名 エネルギー，精力
0542 **engine** [éndʒɪn]				名 エンジン
0543 **engineer** [èndʒɪníər]				名 エンジニア，技術者
0544 **entrance** [éntrəns]				名 入口，入学
0545 **equipment** [ɪkwípmənt]				名 (集合的に) 用具，設備，装置
0546 **exercise** [éksərsàɪz]				名 (健康のための) 運動，練習，練習問題
0547 **explorer** [ɪksplɔ́ːrər]				名 探検家
0548 **fashion** [fǽʃən]				名 流行，はやり，ファッション
0549 **figure** [fígjər]				名 人物，形，数字
0550 **forecast** [fɔ́ːrkæ̀st]				名 予報
0551 **furniture** [fɔ́ːrnɪtʃər]				名 (集合的に) 家具
0552 **gallery** [gǽləri]				名 美術館，画廊
0553 **habit** [hǽbɪt]				名 癖，(個人的な) 習慣

記憶から引き出す

意味	ID	単語を書こう
名 癖，(個人的な)習慣	0553	
名 エネルギー，精力	0541	
名 エンジン	0542	
名 美術館，画廊	0552	
名 探検家	0547	
名 予報	0550	
名 割引，値引	0536	
名 入口，入学	0544	
名 (健康のための)運動，練習，練習問題	0546	
名 病気	0537	

意味	ID	単語を書こう
名 困難	0534	
名 (集合的に)用具，設備，装置	0545	
名 人物，形，数字	0549	
名 影響，結果	0539	
名 教育	0538	
名 方向，(～s)指示	0535	
名 敵	0540	
名 (集合的に)家具	0551	
名 エンジニア，技術者	0543	
名 流行，はやり，ファッション	0548	

Unit 27の復習テスト

⇒答えは前Unitを参考に。忘れていたものは，別冊に書き込もう！

意味	ID	単語を書こう
名 コミュニケーション，伝達	0530	
名 合意，協定	0519	
名 能力	0518	
名 (果樹などの)花	0526	
名 バクテリア，細菌(類)	0523	
名 運動選手	0520	
名 作家，著者	0521	
名 振る舞い，行動	0525	
名 裏庭	0522	
名 美，美人	0524	

意味	ID	単語を書こう
名 便利	0532	
名 トーナメント，勝ち抜き試合	0516	
名 (公式の)会議，協議会	0531	
名 成功	0514	
名 現金	0528	
名 慈善(事業)	0529	
名 作物，収穫高	0533	
名 (a ～)いろいろ，多様性	0517	
名 大工	0527	
名 気温，温度，体温	0515	

書いて記憶

学習日　　月　　日

単語	1回目	2回目	3回目	意味
0554 **harvest** [hά:rvɪst]				名 (作物の)収穫
0555 **horror** [hɔ́(:)rər]				名 恐怖
0556 **housework** [háʊswə̀:rk]				名 家事
0557 **instruction** [ɪnstrʌ́kʃən]				名 (通例 ~s) 指示, 訓練
0558 **instrument** [ínstrəmənt]				名 器具, 道具
0559 **issue** [íʃu:]				名 (雑誌などの)第~号[刷], 発行, 問題(点)
0560 **item** [áɪtəm]				名 品目, 項目
0561 **microwave** [máɪkrəwèɪv]				名 電子レンジ
0562 **movement** [mú:vmənt]				名 運動, 動き
0563 **nation** [néɪʃən]				名 国家, (the ~) 国民
0564 **note** [noʊt]				名 覚え書き, 注釈
0565 **officer** [ά(:)fəsər]				名 警官, 役人
0566 **package** [pǽkɪdʒ]				名 (小さな)包み
0567 **photographer** [fətά(:)grəfər]				名 写真家, カメラマン
0568 **planet** [plǽnɪt]				名 惑星
0569 **population** [pὰ(:)pjuléɪʃən]				名 人口
0570 **position** [pəzíʃən]				名 位置, 地位
0571 **product** [prά(:)dʌkt]				名 製品, 産物, 結果
0572 **puppy** [pʌ́pi]				名 子犬
0573 **receipt** [rɪsí:t]				名 レシート, 領収書, 受領

記憶から引き出す

意 味	ID	単語を書こう
名 製品，産物，結果	0571	
名 品目，項目	0560	
名 レシート，領収書，受領	0573	
名 家事	0556	
名 写真家，カメラマン	0567	
名 器具，道具	0558	
名 警官，役人	0565	
名 国家，(the ～) 国民	0563	
名 子犬	0572	
名 (雑誌などの) 第～号[刷]，発行，問題(点)	0559	

意 味	ID	単語を書こう
名 (小さな) 包み	0566	
名 覚え書き，注釈	0564	
名 人口	0569	
名 運動，動き	0562	
名 電子レンジ	0561	
名 (通例 ～s) 指示，訓練	0557	
名 位置，地位	0570	
名 恐怖	0555	
名 惑星	0568	
名 (作物の) 収穫	0554	

Unit 28 の復習テスト

⇒答えは前Unitを参考に。忘れていたものは，別冊に書き込もう！

意 味	ID	単語を書こう
名 方向，(～s) 指示	0535	
名 敵	0540	
名 教育	0538	
名 困難	0534	
名 癖，(個人的な) 習慣	0553	
名 流行，はやり，ファッション	0548	
名 (健康のための) 運動，練習，練習問題	0546	
名 入口，入学	0544	
名 病気	0537	
名 割引，値引	0536	

意 味	ID	単語を書こう
名 影響，結果	0539	
名 エネルギー，精力	0541	
名 (集合的に) 家具	0551	
名 エンジニア，技術者	0543	
名 探検家	0547	
名 エンジン	0542	
名 (集合的に) 用具，設備，装置	0545	
名 人物，形，数字	0549	
名 予報	0550	
名 美術館，画廊	0552	

書いて記憶

学習日　　月　　日

単語	1回目	2回目	3回目	意味
0574 **recipe** [résəpi]				名 調理法，レシピ
0575 **resort** [rɪzɔ́ːrt]				名 リゾート，保養地，行楽地
0576 **role** [roʊl]				名 役，役割
0577 **row** [roʊ]				名 列
0578 **rug** [rʌg]				名 敷物，じゅうたん，ラグ
0579 **sailor** [séɪlər]				名 船乗り
0580 **sense** [sens]				名 感覚，意味
0581 **shortage** [ʃɔ́ːrtɪdʒ]				名 不足，欠乏
0582 **signal** [sígnəl]				名 信号，合図
0583 **silence** [sáɪləns]				名 静寂，沈黙
0584 **site** [saɪt]				名 用地，ウェブサイト
0585 **skin** [skɪn]				名 皮，肌
0586 **soil** [sɔɪl]				名 土壌
0587 **soldier** [sóʊldʒər]				名 兵士，（陸軍の）軍人
0588 **spirit** [spírət]				名 （通例 ～s）気分，精神，霊
0589 **spray** [spreɪ]				名 スプレー
0590 **state** [steɪt]				名 （ふつう S-）州，（しばしば S-）国家
0591 **suggestion** [səgdʒéstʃən]				名 提案，暗示
0592 **sunrise** [sʌ́nràɪz]				名 日の出
0593 **technique** [tekníːk]				名 技術，技法，技巧

記憶から引き出す

意味	ID	単語を書こう
名 調理法，レシピ	0574	
名 提案，暗示	0591	
名 不足，欠乏	0581	
名 技術，技法，技巧	0593	
名 (通例 ～s) 気分，精神，霊	0588	
名 日の出	0592	
名 兵士，(陸軍の) 軍人	0587	
名 用地，ウェブサイト	0584	
名 スプレー	0589	
名 船乗り	0579	

意味	ID	単語を書こう
名 リゾート，保養地，行楽地	0575	
名 (ふつう S-) 州，(しばしば S-) 国家	0590	
名 列	0577	
名 信号，合図	0582	
名 敷物，じゅうたん，ラグ	0578	
名 感覚，意味	0580	
名 役，役割	0576	
名 皮，肌	0585	
名 土壌	0586	
名 静寂，沈黙	0583	

Unit 29の復習テスト

⇒答えは前Unitを参考に。忘れていたものは，別冊に書き込もう！

意味	ID	単語を書こう
名 運動，動き	0562	
名 (通例 ～s) 指示，訓練	0557	
名 品目，項目	0560	
名 製品，産物，結果	0571	
名 惑星	0568	
名 電子レンジ	0561	
名 (雑誌などの) 第～号 [刷]，発行，問題 (点)	0559	
名 人口	0569	
名 警官，役人	0565	
名 国家，(the ～) 国民	0563	

意味	ID	単語を書こう
名 覚え書き，注釈	0564	
名 写真家，カメラマン	0567	
名 レシート，領収書，受領	0573	
名 器具，道具	0558	
名 位置，地位	0570	
名 (作物の) 収穫	0554	
名 子犬	0572	
名 (小さな) 包み	0566	
名 家事	0556	
名 恐怖	0555	

書いて記憶

学習日　　　月　　　日

単 語	1回目	2回目	3回目	意 味
0594 **track** [træk]				名 線路，走路，(通例 ～s) 通った跡
0595 **voyage** [vɔ́ɪɪdʒ]				名 船旅，航海
0596 **wallet** [wɑ́(:)lət]				名 (二つ折りの) 札入れ，財布
0597 **weight** [weɪt]				名 重さ，体重
0598 **adventure** [ədvéntʃər]				名 冒険
0599 **amateur** [ǽmətʃuər]				名 アマチュア，素人
0600 **ancestor** [ǽnsèstər]				名 祖先
0601 **aquarium** [əkwéəriəm]				名 水族館，水槽
0602 **argument** [ɑ́:rgjumənt]				名 口論，論争，主張
0603 **assistant** [əsístənt]				名 助手，補佐

単 語	1回目	2回目	3回目	意 味
0604 **atmosphere** [ǽtməsfɪər]				名 雰囲気，(the ～) 大気
0605 **attendant** [əténdənt]				名 (会社・ホテルなどの) サービス係，付添い人
0606 **butterfly** [bʌ́tərflàɪ]				名 チョウ
0607 **calcium** [kǽlsiəm]				名 カルシウム
0608 **cattle** [kǽtl]				名 (集合的に) 牛，畜牛
0609 **celebration** [sèləbréɪʃən]				名 祝賀(会)
0610 **charge** [tʃɑ:rdʒ]				名 (サービスに対する) 料金
0611 **chemistry** [kémɪstri]				名 化学
0612 **childhood** [tʃáɪldhʊ̀d]				名 子どものころ，幼児期
0613 **citizen** [sítəzən]				名 市民，国民

記憶から引き出す

意味	ID	単語を書こう
名 口論，論争，主張	0602	
名 冒険	0598	
名 子どものころ，幼児期	0612	
名 アマチュア，素人	0599	
名 助手，補佐	0603	
名 チョウ	0606	
名（サービスに対する）料金	0610	
名 化学	0611	
名（集合的に）牛，畜牛	0608	
名 祖先	0600	

意味	ID	単語を書こう
名（会社・ホテルなどの）サービス係，付添い人	0605	
名（二つ折りの）札入れ，財布	0596	
名 船旅，航海	0595	
名 重さ，体重	0597	
名 雰囲気，（the ～）大気	0604	
名 祝賀（会）	0609	
名 市民，国民	0613	
名 カルシウム	0607	
名 線路，走路，（通例 ～s）通った跡	0594	
名 水族館，水槽	0601	

Unit 30の復習テスト

⇒答えは前Unitを参考に。忘れていたものは，別冊に書き込もう！

意味	ID	単語を書こう
名 不足，欠乏	0581	
名 静寂，沈黙	0583	
名 技術，技法，技巧	0593	
名（ふつう S-）州，（しばしば S-）国家	0590	
名 敷物，じゅうたん，ラグ	0578	
名 信号，合図	0582	
名 皮，肌	0585	
名 調理法，レシピ	0574	
名 役，役割	0576	
名 列	0577	

意味	ID	単語を書こう
名 感覚，意味	0580	
名 用地，ウェブサイト	0584	
名 日の出	0592	
名 船乗り	0579	
名 土壌	0586	
名（通例 ～s）気分，精神，霊	0588	
名 リゾート，保養地，行楽地	0575	
名 兵士，（陸軍の）軍人	0587	
名 スプレー	0589	
名 提案，暗示	0591	

書いて記憶

学習日　　月　　日

単語	1回目	2回目	3回目	意味
0614 **clinic** [klínɪk]				名 クリニック，診療所
0615 **conversation** [kɑ̀(:)nvərséɪʃən]				名 会話，話すこと
0616 **corporation** [kɔ̀:rpəréɪʃən]				名 大企業，株式会社
0617 **courage** [kə́:rɪdʒ]				名 勇気
0618 **crime** [kraɪm]				名 犯罪
0619 **crocodile** [krɑ́(:)kədàɪl]				名 ワニ，クロコダイル（熱帯産の大型ワニ）
0620 **crowd** [kraud]				名（集合的に）群衆
0621 **danger** [déɪndʒər]				名 危険
0622 **data** [déɪtə]				名 データ，資料
0623 **death** [deθ]				名 死
0624 **decision** [dɪsíʒən]				名 決定
0625 **diet** [dáɪət]				名 ダイエット，日常の食事
0626 **edge** [edʒ]				名 縁（ふち），へり，刃
0627 **electricity** [ɪlèktrísəti]				名 電気
0628 **emergency** [ɪmə́:rdʒənsi]				名 緊急事態
0629 **emotion** [ɪmóuʃən]				名 感情
0630 **euro** [júərou]				名 ユーロ（EU 諸国の共通通貨単位）
0631 **examination** [ɪgzæ̀mɪnéɪʃən]				名 試験
0632 **explanation** [èksplənéɪʃən]				名 説明
0633 **excellent** [éksələnt]				形 優れた

記憶から引き出す

意味	ID	単語を書こう
名 危険	0621	
名 決定	0624	
名 死	0623	
名 犯罪	0618	
名 ワニ，クロコダイル(熱帯産の大型ワニ)	0619	
名 データ，資料	0622	
名 試験	0631	
名 勇気	0617	
名 説明	0632	
名 緊急事態	0628	

意味	ID	単語を書こう
名 大企業，株式会社	0616	
名 (集合的に)群衆	0620	
形 優れた	0633	
名 感情	0629	
名 会話，話すこと	0615	
名 ユーロ(EU諸国の共通通貨単位)	0630	
名 クリニック，診療所	0614	
名 電気	0627	
名 縁(ふち)，へり，刃	0626	
名 ダイエット，日常の食事	0625	

Unit 31の復習テスト

⇒答えは前Unitを参考に。忘れていたものは，別冊に書き込もう！

意味	ID	単語を書こう
名 (サービスに対する)料金	0610	
名 冒険	0598	
名 雰囲気，(the ～)大気	0604	
名 助手，補佐	0603	
名 線路，走路，(通例 ～s)通った跡	0594	
名 船旅，航海	0595	
名 チョウ	0606	
名 口論，論争，主張	0602	
名 カルシウム	0607	
名 (二つ折りの)札入れ，財布	0596	

意味	ID	単語を書こう
名 (集合的に)牛，畜牛	0608	
名 子どものころ，幼児期	0612	
名 重さ，体重	0597	
名 祖先	0600	
名 (会社・ホテルなどの)サービス係，付添い人	0605	
名 アマチュア，素人	0599	
名 化学	0611	
名 市民，国民	0613	
名 祝賀(会)	0609	
名 水族館，水槽	0601	

書いて記憶

学習日　　月　　日

単語	1回目	2回目	3回目	意味
0634 **formal** [fɔ́ːrməl]				形 正式の，格式ばった
0635 **healthy** [hélθi]				形 健康な
0636 **human** [hjúːmən]				形 人間の，人間的な
0637 **modern** [mɑ́(ː)dərn]				形 現代の，近代の
0638 **simple** [símpl]				形 簡単な，単純な，質素な
0639 **thin** [θɪn]				形 薄い，細い，やせた
0640 **traditional** [trədíʃənəl]				形 伝統的な
0641 **usual** [júːʒuəl]				形 いつもの，普通の
0642 **central** [séntrəl]				形 中心（部）の
0643 **confident** [kɑ́(ː)nfɪdənt]				形 確信して，自信のある

単語	1回目	2回目	3回目	意味
0644 **direct** [dərékt]				形 直接の，真っすぐな
0645 **double** [dʌ́bl]				形 2人用の，2倍の
0646 **enjoyable** [ɪndʒɔ́ɪəbl]				形 楽しい
0647 **fantastic** [fæntǽstɪk]				形 素晴らしい，空想的な
0648 **foreign** [fɔ́(ː)rən]				形 外国の
0649 **frightened** [fráɪtənd]				形 おびえた，ぎょっとした
0650 **gentle** [dʒéntl]				形 優しい，穏やかな
0651 **global** [glóubəl]				形 地球全体の，球形の
0652 **harmful** [hɑ́ːrmfəl]				形 有害な
0653 **huge** [hjuːdʒ]				形 巨大な

記憶から引き出す

意味	ID	単語を書こう
形 巨大な	0653	
形 外国の	0648	
形 地球全体の，球形の	0651	
形 2人用の，2倍の	0645	
形 薄い，細い，やせた	0639	
形 正式の，格式ばった	0634	
形 伝統的な	0640	
形 おびえた，ぎょっとした	0649	
形 有害な	0652	
形 素晴らしい，空想的な	0647	

意味	ID	単語を書こう
形 健康な	0635	
形 いつもの，普通の	0641	
形 中心(部)の	0642	
形 確信して，自信のある	0643	
形 簡単な，単純な，質素な	0638	
形 楽しい	0646	
形 直接の，真っすぐな	0644	
形 人間の，人間的な	0636	
形 現代の，近代の	0637	
形 優しい，穏やかな	0650	

Unit 32の復習テスト

⇒答えは前Unitを参考に。忘れていたものは，別冊に書き込もう！

意味	ID	単語を書こう
名 緊急事態	0628	
名 危険	0621	
名 犯罪	0618	
形 優れた	0633	
名 試験	0631	
名 勇気	0617	
名 死	0623	
名 決定	0624	
名 データ，資料	0622	
名 大企業，株式会社	0616	

意味	ID	単語を書こう
名 (集合的に)群衆	0620	
名 電気	0627	
名 クリニック，診療所	0614	
名 ダイエット，日常の食事	0625	
名 感情	0629	
名 会話，話すこと	0615	
名 ワニ，クロコダイル(熱帯産の大型ワニ)	0619	
名 説明	0632	
名 縁(ふち)，へり，刃	0626	
名 ユーロ(EU諸国の共通通貨単位)	0630	

書いて記憶

学習日　　月　　日

単語	1回目	2回目	3回目	意味
0654 **ideal** [aɪdíːəl]				形 理想的な
0655 **male** [meɪl]				形 雄の，男性の
0656 **original** [ərídʒənəl]				形 独創的な，元の
0657 **outdoor** [àutdɔ́ːr]				形 野外(で)の，屋外(で)の
0658 **particular** [pərtíkjulər]				形 特定の，特別の
0659 **perfect** [pə́ːrfɪkt]				形 完全な
0660 **plain** [pleɪn]				形 明らかな，簡素な
0661 **regular** [régjulər]				形 通常の，規則正しい
0662 **secondhand** [sèkəndhǽnd]				形 中古の
0663 **serious** [síəriəs]				形 重大な，重要な，真剣な
0664 **silly** [síli]				形 愚かな，ばかげた
0665 **single** [síŋgl]				形 独身の，単一の
0666 **smart** [smɑːrt]				形 利口な，頭の良い，しゃれた
0667 **spare** [speər]				形 予備の，余分の
0668 **square** [skweər]				形 平方の，正方形の
0669 **suitable** [súːtəbl]				形 ふさわしい
0670 **tiny** [táɪni]				形 ちっぽけな
0671 **tough** [tʌf]				形 困難な，頑丈な，堅い
0672 **whole** [hoʊl]				形 全体の
0673 **absent** [ǽbsənt]				形 欠席の，不在の

記憶から引き出す

意味	ID	単語を書こう
形 全体の	0672	
形 独創的な，元の	0656	
形 平方の，正方形の	0668	
形 中古の	0662	
形 ふさわしい	0669	
形 利口な，頭の良い，しゃれた	0666	
形 困難な，頑丈な，堅い	0671	
形 予備の，余分の	0667	
形 雄の，男性の	0655	
形 野外(で)の，屋外(で)の	0657	

意味	ID	単語を書こう
形 明らかな，簡素な	0660	
形 重大な，重要な，真剣な	0663	
形 通常の，規則正しい	0661	
形 特定の，特別の	0658	
形 愚かな，ばかげた	0664	
形 独身の，単一の	0665	
形 理想的な	0654	
形 完全な	0659	
形 ちっぽけな	0670	
形 欠席の，不在の	0673	

Unit 33の復習テスト

⇒答えは前Unitを参考に。忘れていたものは，別冊に書き込もう！

意味	ID	単語を書こう
形 現代の，近代の	0637	
形 中心(部)の	0642	
形 地球全体の，球形の	0651	
形 楽しい	0646	
形 有害な	0652	
形 いつもの，普通の	0641	
形 正式の，格式ばった	0634	
形 薄い，細い，やせた	0639	
形 優しい，穏やかな	0650	
形 素晴らしい，空想的な	0647	

意味	ID	単語を書こう
形 2人用の，2倍の	0645	
形 巨大な	0653	
形 直接の，真っすぐな	0644	
形 伝統的な	0640	
形 人間の，人間的な	0636	
形 確信して，自信のある	0643	
形 外国の	0648	
形 健康な	0635	
形 簡単な，単純な，質素な	0638	
形 おびえた，ぎょっとした	0649	

書いて記憶

学習日　　月　　日

単語	1回目	2回目	3回目	意味
0674 **alike** [əláɪk]				形 (互いに)似ている, 同様で, 等しい
0675 **allergic** [əlɔ́ːrdʒɪk]				形 アレルギー体質の
0676 **available** [əvéɪləbl]				形 入手できる, 利用可能な, 手が空いている
0677 **awful** [ɔ́ːfəl]				形 ひどい
0678 **basic** [béɪsɪk]				形 基本的な
0679 **charming** [tʃɑ́ːrmɪŋ]				形 魅力的な
0680 **cheerful** [tʃíərfəl]				形 陽気な, 元気の良い
0681 **colored** [kʌ́lərd]				形 色つきの
0682 **constant** [kɑ́(ː)nstənt]				形 一定の, 不断の
0683 **dead** [ded]				形 死んだ
0684 **delicate** [délɪkət]				形 取り扱いの難しい, 繊細な
0685 **delighted** [dɪláɪtɪd]				形 喜んで
0686 **dependent** [dɪpéndənt]				形 依存している, 頼っている
0687 **dramatic** [drəmǽtɪk]				形 劇的な, 劇の
0688 **electronic** [ɪlèktrɑ́(ː)nɪk]				形 電子の
0689 **fat** [fæt]				形 太った, 厚い
0690 **female** [fíːmeɪl]				形 雌の, 女性の
0691 **flat** [flæt]				形 平らな, 空気の抜けた, 均一の
0692 **fresh** [freʃ]				形 新鮮な, 真新しい, 生き生きとした
0693 **frightening** [fráɪtənɪŋ]				形 恐ろしい, ぎょっとするような

記憶から引き出す

意味	ID	単語を書こう
形 死んだ	0683	
形 平らな，空気の抜けた，均一の	0691	
形 (互いに) 似ている，同様で，等しい	0674	
形 太った，厚い	0689	
形 電子の	0688	
形 劇的な，劇の	0687	
形 色つきの	0681	
形 新鮮な，真新しい，生き生きとした	0692	
形 魅力的な	0679	
形 アレルギー体質の	0675	

意味	ID	単語を書こう
形 喜んで	0685	
形 陽気な，元気の良い	0680	
形 基本的な	0678	
形 雌の，女性の	0690	
形 入手できる，利用可能な，手が空いている	0676	
形 依存している，頼っている	0686	
形 取り扱いの難しい，繊細な	0684	
形 ひどい	0677	
形 一定の，不断の	0682	
形 恐ろしい，ぎょっとするような	0693	

Unit 34の復習テスト

⇒答えは前Unitを参考に。忘れていたものは，別冊に書き込もう！

意味	ID	単語を書こう
形 予備の，余分の	0667	
形 完全な	0659	
形 利口な，頭の良い，しゃれた	0666	
形 明らかな，簡素な	0660	
形 ちっぽけな	0670	
形 重大な，重要な，真剣な	0663	
形 困難な，頑丈な，堅い	0671	
形 ふさわしい	0669	
形 愚かな，ばかげた	0664	
形 欠席の，不在の	0673	

意味	ID	単語を書こう
形 平方の，正方形の	0668	
形 全体の	0672	
形 独創的な，元の	0656	
形 特定の，特別の	0658	
形 中古の	0662	
形 雄の，男性の	0655	
形 通常の，規則正しい	0661	
形 理想的な	0654	
形 野外(で)の，屋外(で)の	0657	
形 独身の，単一の	0665	

書いて記憶

学習日　　月　　日

単語	1回目	2回目	3回目	意味
0694 **full-time** [fùltáɪm]				形 常勤の，専任の
0695 **handsome** [hǽnsəm]				形 ハンサムな，端正な顔立ちの
0696 **helpful** [hélpfəl]				形 助けになる，有用な
0697 **historical** [hɪstɔ́(:)rɪkəl]				形 歴史上の，歴史の
0698 **anyway** [éniwèɪ]				副 とにかく
0699 **environmentally** [ɪnvàɪərənméntəli]				副 環境（保護）の点で
0700 **especially** [ɪspéʃəli]				副 特に，とりわけ
0701 **fairly** [féərli]				副 まあまあ，公正に
0702 **perhaps** [pərhǽps]				副 もしかすると
0703 **widely** [wáɪdli]				副 広く，広範囲に
0704 **eventually** [ɪvéntʃuəli]				副 結局（は）
0705 **exactly** [ɪgzǽktli]				副 正確に，まさに
0706 **further** [fə́:rðər]				副 もっと遠くに，さらに
0707 **generally** [dʒénərəli]				副 一般的に
0708 **greatly** [gréɪtli]				副 非常に，大いに
0709 **naturally** [nǽtʃərəli]				副 自然に，（通例文頭で）当然
0710 **nowadays** [náuədèɪz]				副 今日(こんにち)では，近ごろは
0711 **originally** [ərídʒənəli]				副 最初は，もともと
0712 **otherwise** [ʌ́ðərwàɪz]				副 その他の点では，そうでなければ
0713 **rapidly** [rǽpɪdli]				副 急速に，速く

記憶から引き出す

意 味	ID	単語を書こう
副 一般的に	0707	
副 とにかく	0698	
形 ハンサムな，端正な顔立ちの	0695	
形 歴史上の，歴史の	0697	
副 まあまあ，公正に	0701	
副 もしかすると	0702	
副 今日（こんにち）では，近ごろは	0710	
副 正確に，まさに	0705	
副 広く，広範囲に	0703	
副 その他の点では，そうでなければ	0712	

意 味	ID	単語を書こう
形 常勤の，専任の	0694	
副 特に，とりわけ	0700	
副 もっと遠くに，さらに	0706	
副 非常に，大いに	0708	
形 助けになる，有用な	0696	
副 環境（保護）の点で	0699	
副 急速に，速く	0713	
副 結局（は）	0704	
副 最初は，もともと	0711	
副 自然に，（通例文頭で）当然	0709	

Unit 35の復習テスト

⇒答えは前Unitを参考に。忘れていたものは，別冊に書き込もう！

意 味	ID	単語を書こう
形 新鮮な，真新しい，生き生きとした	0692	
形 依存している，頼っている	0686	
形 恐ろしい，ぎょっとするような	0693	
形 魅力的な	0679	
形 （互いに）似ている，同様で，等しい	0674	
形 平らな，空気の抜けた，均一の	0691	
形 基本的な	0678	
形 取り扱いの難しい，繊細な	0684	
形 死んだ	0683	
形 ひどい	0677	

意 味	ID	単語を書こう
形 電子の	0688	
形 太った，厚い	0689	
形 入手できる，利用可能な，手が空いている	0676	
形 色つきの	0681	
形 喜んで	0685	
形 劇的な，劇の	0687	
形 アレルギー体質の	0675	
形 陽気な，元気の良い	0680	
形 雌の，女性の	0690	
形 一定の，不断の	0682	

書いて記憶

学習日　　月　　日

単語	1回目	2回目	3回目	意味
0714 **seldom** [séldəm]				副 めったに～(し)ない
0715 **somewhere** [sʌ́m*h*wèər]				副 どこかに[で，へ]
0716 **unfortunately** [ʌnfɔ́ːrtʃənətli]				副 残念ながら，不運にも
0717 **abroad** [əbrɔ́ːd]				副 海外で[へ，に]
0718 **apart** [əpɑ́ːrt]				副 (apart from で)を除いて，から離れて
0719 **apparently** [əpǽrəntli]				副 聞いた[見た]ところでは
0720 **besides** [bɪsáɪdz]				副 その上，さらに
0721 **downstairs** [dàunstéərz]				副 階下へ[で]
0722 **equally** [íːkwəli]				副 同程度に，等しく
0723 **forever** [fərévər]				副 永久に
0724 **fortunately** [fɔ́ːrtʃənətli]				副 幸運にも
0725 **frankly** [frǽŋkli]				副 率直に，正直に
0726 **whenever** [*h*wenévər]				接 …するときはいつでも，いつ…しようとも
0727 **unless** [ənlés]				接 …でない限り，…でなければ
0728 **whether** [*h*wéðər]				接 …かどうか，…であろうとなかろうと
0729 **wherever** [*h*weərévər]				接 …する所はどこ(へ)でも，どこで[へ]…しようとも
0730 **except** [ɪksépt]				前 ～を除いては，～の他は
0731 **till** [tɪl]				前 ～まで(ずっと)
0732 **beyond** [biɑ́(ː)nd]				前 ～を越えて，～の向こうに
0733 **despite** [dɪspáɪt]				前 ～にもかかわらず

単語	1回目	2回目	3回目	意味
0734 **toward** [tɔːrd]				前 ～の方へ
0735 **none** [nʌn]				代 1つも［誰も］～ない

記憶から引き出す

意味	ID	単語を書こう
前 ～を越えて，～の向こうに	0732	
接 …するときはいつでも，いつ…しようとも	0726	
副 (___ from で) を除いて，から離れて	0718	
前 ～を除いては，～の他は	0730	
副 階下へ［で］	0721	
接 …する所はどこ（へ）でも，どこで［へ］…しようとも	0729	
副 海外で［へ，に］	0717	
副 幸運にも	0724	
前 ～まで（ずっと）	0731	
副 どこかに［で，へ］	0715	
副 同程度に，等しく	0722	

意味	ID	単語を書こう
副 聞いた［見た］ところでは	0719	
副 その上，さらに	0720	
接 …かどうか，…であろうとなかろうと	0728	
副 めったに～（し）ない	0714	
前 ～の方へ	0734	
副 残念ながら，不運にも	0716	
接 …でない限り，…でなければ	0727	
副 率直に，正直に	0725	
代 1つも［誰も］～ない	0735	
前 ～にもかかわらず	0733	
副 永久に	0723	

Unit 36の復習テスト

⇒答えは前Unitを参考に。忘れていたものは，別冊に書き込もう！

意味	ID	単語を書こう	意味	ID	単語を書こう
副 環境(保護)の点で	0699		形 助けになる，有用な	0696	
副 とにかく	0698		副 非常に，大いに	0708	
副 今日(こんにち)では，近ごろは	0710		形 常勤の，専任の	0694	
副 まあまあ，公正に	0701		副 もしかすると	0702	
副 急速に，速く	0713		副 もっと遠くに，さらに	0706	
副 特に，とりわけ	0700		副 広く，広範囲に	0703	
副 一般的に	0707		副 結局(は)	0704	
副 正確に，まさに	0705		形 ハンサムな，端正な顔立ちの	0695	
副 その他の点では，そうでなければ	0712		副 自然に，(通例文頭で)当然	0709	
形 歴史上の，歴史の	0697		副 最初は，もともと	0711	

Unit 37の復習テスト

⇒答えは本Unitを参考に。忘れていたものは，別冊に書き込もう！

意 味	ID	単語を書こう
接 …かどうか，…であろうとなかろうと	0728	
副 永久に	0723	
前 ～を除いては，～の他は	0730	
副 その上，さらに	0720	
前 ～を越えて，～の向こうに	0732	
接 …するときはいつでも，いつ…しようとも	0726	
副 海外で［へ，に］	0717	
副 階下へ［で］	0721	
副 (___ from で) を除いて，から離れて	0718	
副 めったに～(し)ない	0714	
前 ～にもかかわらず	0733	

意 味	ID	単語を書こう
代 1つも［誰も］～ない	0735	
接 …する所はどこ(へ)でも，どこで［へ］…しようとも	0729	
副 聞いた［見た］ところでは	0719	
副 幸運にも	0724	
前 ～まで(ずっと)	0731	
接 …でない限り，…でなければ	0727	
副 同程度に，等しく	0722	
副 率直に，正直に	0725	
副 残念ながら，不運にも	0716	
副 どこかに［で，へ］	0715	
前 ～の方へ	0734	

単語編

でる度 C 差がつく応用単語

350

Unit 38
～
Unit 55

書いて記憶

学習日　　月　　日

単語	1回目	2回目	3回目	意味
0736 **chase** [tʃeɪs]				動 (を)追跡する
0737 **claim** [kleɪm]				動 を主張する，を要求する
0738 **communicate** [kəmjúːnɪkèɪt]				動 意思を通じ合う，を伝達する
0739 **compete** [kəmpíːt]				動 競争する
0740 **complain** [kəmpléɪn]				動 不平［苦情］を言う
0741 **concentrate** [ká(ː)nsəntrèɪt]				動 集中する
0742 **concern** [kənsə́ːrn]				動 (受身形で)心配している，に関係する
0743 **confuse** [kənfjúːz]				動 を混同する
0744 **connect** [kənékt]				動 をつなぐ
0745 **consist** [kənsíst]				動 成る
0746 **cure** [kjuər]				動 を治す
0747 **cycle** [sáɪkl]				動 自転車に乗る，循環する
0748 **deny** [dɪnáɪ]				動 を否定する
0749 **describe** [dɪskráɪb]				動 を描写する
0750 **display** [dɪspléɪ]				動 を展示する，を示す
0751 **divide** [dɪváɪd]				動 を分ける
0752 **educate** [édʒəkèɪt]				動 を教育する
0753 **embarrass** [ɪmbǽrəs]				動 (受身形で)当惑する，に恥ずかしい思いをさせる
0754 **employ** [ɪmplɔ́ɪ]				動 を雇う
0755 **entertain** [èntərtéɪn]				動 を楽しませる

記憶から引き出す

意味	ID	単語を書こう
動 を雇う	0754	
動 を分ける	0751	
動 意思を通じ合う，を伝達する	0738	
動 を教育する	0752	
動 (受身形で)当惑する，に恥ずかしい思いをさせる	0753	
動 自転車に乗る，循環する	0747	
動 を楽しませる	0755	
動 競争する	0739	
動 を主張する，を要求する	0737	
動 (を)追跡する	0736	

意味	ID	単語を書こう
動 を描写する	0749	
動 を否定する	0748	
動 不平［苦情］を言う	0740	
動 を治す	0746	
動 を混同する	0743	
動 を展示する，を示す	0750	
動 (受身形で)心配している，に関係する	0742	
動 集中する	0741	
動 をつなぐ	0744	
動 成る	0745	

書いて記憶

学習日　　月　　日

単語	1回目	2回目	3回目	意味
0756 **escape** [ɪskéɪp]				動 逃げる
0757 **exist** [ɪɡzíst]				動 存在する
0758 **expand** [ɪkspǽnd]				動 (を)拡大 [拡張] する
0759 **explore** [ɪksplɔ́ːr]				動 (を)探検する, (を)調査する
0760 **face** [feɪs]				動 に直面する, の方を向く
0761 **flash** [flæʃ]				動 ぴかっと光る, をぱっと照らす
0762 **float** [floʊt]				動 漂う, 浮かぶ, を浮かべる
0763 **fold** [foʊld]				動 (両手など)を組み合わせる, をたたむ
0764 **fulfill** [fʊlfíl]				動 を果たす, を完全に実現させる
0765 **guard** [ɡɑːrd]				動 を守る, を監視する
0766 **handle** [hǽndl]				動 を扱う, に手を触れる
0767 **harm** [hɑːrm]				動 を損なう, を傷つける
0768 **import** [ɪmpɔ́ːrt]				動 を輸入する
0769 **insist** [ɪnsíst]				動 強く主張する
0770 **kick** [kɪk]				動 (を)ける
0771 **lack** [læk]				動 (に)欠けている, がない
0772 **link** [lɪŋk]				動 をつなぐ, を結びつける
0773 **lock** [lɑ(ː)k]				動 に鍵をかける
0774 **lower** [lóʊər]				動 を下げる
0775 **major** [méɪdʒər]				動 専攻する

記憶から引き出す

意 味	ID	単語を書こう
動 を扱う，に手を触れる	0766	
動 を損なう，を傷つける	0767	
動 を守る，を監視する	0765	
動 専攻する	0775	
動 (に)欠けている，がない	0771	
動 を輸入する	0768	
動 ぴかっと光る，をぱっと照らす	0761	
動 (両手など)を組み合わせる，をたたむ	0763	
動 (を)ける	0770	
動 (を)拡大[拡張]する	0758	

意 味	ID	単語を書こう
動 逃げる	0756	
動 (を)探検する，(を)調査する	0759	
動 存在する	0757	
動 に鍵をかける	0773	
動 を下げる	0774	
動 漂う，浮かぶ，を浮かべる	0762	
動 強く主張する	0769	
動 に直面する，の方を向く	0760	
動 を果たす，を完全に実現させる	0764	
動 をつなぐ，を結びつける	0772	

Unit 38の復習テスト

⇒答えは前Unitを参考に。忘れていたものは，別冊に書き込もう！

意 味	ID	単語を書こう
動 を治す	0746	
動 (受身形で)当惑する，に恥ずかしい思いをさせる	0753	
動 を教育する	0752	
動 自転車に乗る，循環する	0747	
動 不平[苦情]を言う	0740	
動 をつなぐ	0744	
動 競争する	0739	
動 を混同する	0743	
動 (受身形で)心配している，に関係する	0742	
動 成る	0745	

意 味	ID	単語を書こう
動 を否定する	0748	
動 を楽しませる	0755	
動 を描写する	0749	
動 を主張する，を要求する	0737	
動 を雇う	0754	
動 (を)追跡する	0736	
動 集中する	0741	
動 を分ける	0751	
動 意思を通じ合う，を伝達する	0738	
動 を展示する，を示す	0750	

書いて記憶

学習日　　月　　日

単語	1回目	2回目	3回目	意味
0776 **march** [mɑːrtʃ]				動 行進する
0777 **obey** [oubéɪ]				動 (に)従う
0778 **occur** [əkə́ːr]				動 起こる，思い浮かぶ
0779 **overcome** [òuvərkʌ́m]				動 (を)克服する，(に)打ち勝つ
0780 **pray** [preɪ]				動 祈る
0781 **pretend** [prɪténd]				動 のふりをする
0782 **pronounce** [prənáuns]				動 (を)発音する
0783 **prove** [pruːv]				動 を証明する，分かる
0784 **punish** [pʌ́nɪʃ]				動 を罰する
0785 **realize** [ríːəlàɪz]				動 を悟る，を実現する
0786 **refer** [rɪfə́ːr]				動 言及する，参照する
0787 **reflect** [rɪflékt]				動 (を)反射する，を熟考する
0788 **reject** [rɪdʒékt]				動 を拒絶する
0789 **remind** [rɪmáɪnd]				動 に思い出させる
0790 **request** [rɪkwést]				動 を要請する
0791 **respond** [rɪspɑ́(ː)nd]				動 応答する，反応する
0792 **separate** [sépərèɪt]				動 を分ける，(を)分離する
0793 **shake** [ʃeɪk]				動 を振る，揺れる
0794 **shoot** [ʃuːt]				動 (を)撃つ，(を)シュートする
0795 **sink** [sɪŋk]				動 沈む，を沈める

記憶から引き出す

意味	ID	単語を書こう
動 (を)発音する	0782	
動 言及する，参照する	0786	
動 起こる，思い浮かぶ	0778	
動 行進する	0776	
動 を振る，揺れる	0793	
動 (を)反射する，を熟考する	0787	
動 を分ける，(を)分離する	0792	
動 を罰する	0784	
動 (に)従う	0777	
動 応答する，反応する	0791	

意味	ID	単語を書こう
動 (を)撃つ，(を)シュートする	0794	
動 のふりをする	0781	
動 祈る	0780	
動 に思い出させる	0789	
動 (を)克服する，(に)打ち勝つ	0779	
動 を証明する，分かる	0783	
動 を要請する	0790	
動 を悟る，を実現する	0785	
動 を拒絶する	0788	
動 沈む，を沈める	0795	

Unit 39の復習テスト

⇒答えは前Unitを参考に。忘れていたものは，別冊に書き込もう！

意味	ID	単語を書こう
動 に直面する，の方を向く	0760	
動 を損なう，を傷つける	0767	
動 を扱う，に手を触れる	0766	
動 (を)探検する，(を)調査する	0759	
動 逃げる	0756	
動 存在する	0757	
動 (に)欠けている，がない	0771	
動 を輸入する	0768	
動 強く主張する	0769	
動 を守る，を監視する	0765	

意味	ID	単語を書こう
動 をつなぐ，を結びつける	0772	
動 に鍵をかける	0773	
動 ぴかっと光る，をぱっと照らす	0761	
動 を下げる	0774	
動 (を)拡大［拡張］する	0758	
動 漂う，浮かぶ，を浮かべる	0762	
動 (を)ける	0770	
動 を果たす，を完全に実現させる	0764	
動 (両手など)を組み合わせる，をたたむ	0763	
動 専攻する	0775	

書いて記憶

学習日　　月　　日

単語	1回目	2回目	3回目	意味
0796 **skip** [skɪp]				動 (を)抜かす，(を)飛ばす，跳ねる
0797 **slide** [slaɪd]				動 滑り下りる，を滑らせる
0798 **specialize** [spéʃəlàɪz]				動 専門とする，専攻する
0799 **spill** [spɪl]				動 をこぼす，こぼれる
0800 **stick** [stɪk]				動 くっつく，を突き刺す
0801 **stretch** [stretʃ]				動 ストレッチをする，伸びる，を伸ばす
0802 **succeed** [səksí:d]				動 成功する，継承する
0803 **suffer** [sʌ́fər]				動 苦しむ，病気にかかる
0804 **supply** [səpláɪ]				動 を供給する
0805 **tease** [ti:z]				動 をからかう
0806 **tend** [tend]				動 (tend to *do* で) 〜する傾向がある，〜したい気がする
0807 **translate** [trǽnsleɪt]				動 を翻訳する
0808 **twist** [twɪst]				動 をひねる，をねじる，(糸など)をよる
0809 **widen** [wáɪdən]				動 を広げる，広くなる
0810 **yell** [jel]				動 怒鳴る，叫ぶ
0811 **appreciate** [əprí:ʃièɪt]				動 を感謝する
0812 **arrest** [ərést]				動 を逮捕する
0813 **beat** [bi:t]				動 を負かす，(を)打つ
0814 **bite** [baɪt]				動 (を)かむ
0815 **burst** [bə:rst]				動 破裂する，を破裂させる

記憶から引き出す

意味	ID	単語を書こう
動 苦しむ，病気にかかる	0803	
動 を広げる，広くなる	0809	
動 (___ to *do* で) ～する傾向がある，～したい気がする	0806	
動 をからかう	0805	
動 を供給する	0804	
動 を負かす，(を)打つ	0813	
動 怒鳴る，叫ぶ	0810	
動 をこぼす，こぼれる	0799	
動 を翻訳する	0807	
動 (を)かむ	0814	
動 を感謝する	0811	
動 (を)抜かす，(を)飛ばす，跳ねる	0796	
動 くっつく，を突き刺す	0800	
動 を逮捕する	0812	
動 破裂する，を破裂させる	0815	
動 ストレッチをする，伸びる，を伸ばす	0801	
動 滑り下りる，を滑らせる	0797	
動 成功する，継承する	0802	
動 をひねる，をねじる，(糸など)をよる	0808	
動 専門とする，専攻する	0798	

Unit 40の復習テスト

⇒答えは前Unitを参考に。忘れていたものは，別冊に書き込もう！

意味	ID	単語を書こう
動 (を)克服する，(に)打ち勝つ	0779	
動 を分ける，(を)分離する	0792	
動 を要請する	0790	
動 を拒絶する	0788	
動 (を)発音する	0782	
動 (を)撃つ，(を)シュートする	0794	
動 (に)従う	0777	
動 応答する，反応する	0791	
動 (を)反射する，を熟考する	0787	
動 に思い出させる	0789	
動 のふりをする	0781	
動 を振る，揺れる	0793	
動 を悟る，を実現する	0785	
動 言及する，参照する	0786	
動 行進する	0776	
動 祈る	0780	
動 起こる，思い浮かぶ	0778	
動 を罰する	0784	
動 沈む，を沈める	0795	
動 を証明する，分かる	0783	

書いて記憶

学習日　　月　　日

単 語	1回目	2回目	3回目	意 味
0816 **combine** [kəmbáɪn]				動 を結びつける
0817 **consider** [kənsídər]				動 についてよく考える，(を)熟考する
0818 **crash** [kræʃ]				動 衝突する
0819 **demonstrate** [démənstrèɪt]				動 を論証する，を実演して見せる，デモをする
0820 **depend** [dɪpénd]				動 頼る，依存する
0821 **examine** [ɪgzǽmɪn]				動 を調べる，に試験をする
0822 **express** [ɪksprés]				動 を表現する
0823 **gain** [geɪn]				動 を得る，を増す
0824 **lay** [leɪ]				動 を横たえる，を敷く
0825 **maintain** [meɪntéɪn]				動 を維持する，を主張する
0826 **mention** [ménʃən]				動 に言及する，を述べる
0827 **propose** [prəpóuz]				動 を提案する，結婚を申し込む
0828 **refresh** [rɪfréʃ]				動 を元気づける，の気分をさわやかにする
0829 **regret** [rɪgrét]				動 を後悔する
0830 **release** [rɪlíːs]				動 を解放する
0831 **respect** [rɪspékt]				動 を尊敬する，を尊重する
0832 **review** [rɪvjúː]				動 (を)復習する，をよく調べる
0833 **rise** [raɪz]				動 (太陽などが)昇る，(価格・温度などが)上がる
0834 **seek** [siːk]				動 追求する，を捜す
0835 **select** [səlékt]				動 を選ぶ

記憶から引き出す

意 味	ID	単語を書こう
動 を得る，を増す	0823	
動 に言及する，を述べる	0826	
動 を横たえる，を敷く	0824	
動 を解放する	0830	
動 を維持する，を主張する	0825	
動 を元気づける，の気分をさわやかにする	0828	
動 (太陽などが) 昇る，(価格・温度などが) 上がる	0833	
動 (を)復習する，をよく調べる	0832	
動 についてよく考える，(を)熟考する	0817	
動 を調べる，に試験をする	0821	

意 味	ID	単語を書こう
動 を結びつける	0816	
動 頼る，依存する	0820	
動 を論証する，を実演して見せる，デモをする	0819	
動 追求する，を捜す	0834	
動 を選ぶ	0835	
動 衝突する	0818	
動 を後悔する	0829	
動 を表現する	0822	
動 を提案する，結婚を申し込む	0827	
動 を尊敬する，を尊重する	0831	

Unit 41の復習テスト

⇒答えは前Unitを参考に。忘れていたものは，別冊に書き込もう！

意 味	ID	単語を書こう
動 専門とする，専攻する	0798	
動 を逮捕する	0812	
動 を供給する	0804	
動 ストレッチをする，伸びる，を伸ばす	0801	
動 をからかう	0805	
動 を広げる，広くなる	0809	
動 (を)抜かす，(を)飛ばす，跳ねる	0796	
動 くっつく，を突き刺す	0800	
動 をひねる，をねじる，(糸など)をよる	0808	
動 (を)かむ	0814	

意 味	ID	単語を書こう
動 苦しむ，病気にかかる	0803	
動 破裂する，を破裂させる	0815	
動 怒鳴る，叫ぶ	0810	
動 成功する，継承する	0802	
動 を負かす，(を)打つ	0813	
動 (____ to *do* で) ～する傾向がある，～したい気がする	0806	
動 を翻訳する	0807	
動 をこぼす，こぼれる	0799	
動 滑り下りる，を滑らせる	0797	
動 を感謝する	0811	

書いて記憶

学習日　　月　　日

単語	1回目	2回目	3回目	意味
0836 **swing** [swɪŋ]				動 揺れる，を揺らす
0837 **unite** [junáɪt]				動 を団結させる，(を)統合する
0838 **vary** [véəri]				動 異なる，(いろいろに)変化する
0839 **wrap** [ræp]				動 を包む，を巻きつける
0840 **faith** [feɪθ]				名 信仰(心)，信頼
0841 **fever** [fíːvər]				名 熱
0842 **flashlight** [flǽʃlàɪt]				名 懐中電灯
0843 **frame** [freɪm]				名 額縁，枠
0844 **fuel** [fjúːəl]				名 燃料
0845 **garbage** [gáːrbɪdʒ]				名 (台所から出る)生ごみ
0846 **goal** [goʊl]				名 目標，ゴール
0847 **harmony** [háːrməni]				名 調和
0848 **historian** [hɪstɔ́ːriən]				名 歴史家，歴史学者
0849 **honor** [á(ː)nər]				名 敬意，光栄，名誉
0850 **imagination** [ɪmæ̀dʒɪnéɪʃən]				名 想像(力)
0851 **importance** [ɪmpɔ́ːrtəns]				名 重要性
0852 **influence** [ínfluəns]				名 影響
0853 **interest** [íntərəst]				名 興味，利子
0854 **introduction** [ìntrədʌ́kʃən]				名 導入，紹介
0855 **lawyer** [lɔ́ːjər]				名 弁護士，法律家

記憶から引き出す

意味	ID	単語を書こう
名 懐中電灯	0842	
名 調和	0847	
名 重要性	0851	
動 を包む，を巻きつける	0839	
名 弁護士，法律家	0855	
名 興味，利子	0853	
名 導入，紹介	0854	
名 影響	0852	
名 熱	0841	
名 燃料	0844	
名 (台所から出る)生ごみ	0845	
動 揺れる，を揺らす	0836	
動 異なる，(いろいろに)変化する	0838	
名 目標，ゴール	0846	
名 想像(力)	0850	
名 敬意，光栄，名誉	0849	
名 額縁，枠	0843	
動 を団結させる，(を)統合する	0837	
名 歴史家，歴史学者	0848	
名 信仰(心)，信頼	0840	

Unit 42の復習テスト

⇒答えは前Unitを参考に。忘れていたものは，別冊に書き込もう！

意味	ID	単語を書こう
動 頼る，依存する	0820	
動 を調べる，に試験をする	0821	
動 を表現する	0822	
動 を論証する，を実演して見せる，デモをする	0819	
動 を解放する	0830	
動 を選ぶ	0835	
動 を尊敬する，を尊重する	0831	
動 を維持する，を主張する	0825	
動 を提案する，結婚を申し込む	0827	
動 (を)復習する，をよく調べる	0832	
動 追求する，を捜す	0834	
動 (太陽などが)昇る，(価格・温度などが)上がる	0833	
動 を元気づける，の気分をさわやかにする	0828	
動 を得る，を増す	0823	
動 衝突する	0818	
動 に言及する，を述べる	0826	
動 を後悔する	0829	
動 を結びつける	0816	
動 を横たえる，を敷く	0824	
動 についてよく考える，(を)熟考する	0817	

書いて記憶

学習日　　月　　日

単語	1回目	2回目	3回目	意味
0856 **license** [láɪsəns]				名 免許（証）
0857 **lifetime** [láɪftàɪm]				名 一生，生涯
0858 **literature** [lítərətʃər]				名 文学
0859 **lobby** [lá(:)bi]				名（ホテル・劇場などの）ロビー
0860 **location** [loukéɪʃən]				名 場所，位置，ロケ地
0861 **maid** [meɪd]				名 メイド，お手伝い
0862 **mall** [mɔ:l]				名 ショッピングセンター
0863 **manager** [mǽnɪdʒər]				名 支配人，管理者，経営者
0864 **matter** [mǽtər]				名 問題，（～s）困難，物質
0865 **media** [mí:diə]				名（the ～）（集合的に）マスコミ，マスメディア
0866 **mess** [mes]				名 散らかった状態，ひどいありさま
0867 **messenger** [mésəndʒər]				名 配達人，使者，使い走り
0868 **mosquito** [məskí:tou]				名 蚊
0869 **nationality** [næʃənǽləti]				名 国籍
0870 **navigation** [nævɪgéɪʃən]				名 運行指示，航行，飛行
0871 **necessity** [nəsésəti]				名 必需品，必要，必要性
0872 **neighborhood** [néɪbərhùd]				名 近所，地域
0873 **opinion** [əpínjən]				名（しばしば *one's* ～）意見
0874 **origin** [ɔ́(:)rɪdʒɪn]				名 起源
0875 **partner** [pá:rtnər]				名 パートナー，配偶者

記憶から引き出す

意 味	ID	単語を書こう
名 起源	0874	
名 散らかった状態，ひどいありさま	0866	
名 (しばしば *one's* ～) 意見	0873	
名 問題，(～s) 困難，物質	0864	
名 必需品，必要，必要性	0871	
名 国籍	0869	
名 (the ～) (集合的に) マスコミ，マスメディア	0865	
名 配達人，使者，使い走り	0867	
名 支配人，管理者，経営者	0863	
名 運行指示，航行，飛行	0870	

意 味	ID	単語を書こう
名 メイド，お手伝い	0861	
名 文学	0858	
名 ショッピングセンター	0862	
名 場所，位置，ロケ地	0860	
名 (ホテル・劇場などの) ロビー	0859	
名 パートナー，配偶者	0875	
名 近所，地域	0872	
名 一生，生涯	0857	
名 蚊	0868	
名 免許(証)	0856	

Unit 43の復習テスト

⇒答えは前Unitを参考に。忘れていたものは，別冊に書き込もう！

意 味	ID	単語を書こう
名 影響	0852	
動 揺れる，を揺らす	0836	
名 信仰(心)，信頼	0840	
名 弁護士，法律家	0855	
動 異なる，(いろいろに) 変化する	0838	
名 額縁，枠	0843	
動 を包む，を巻きつける	0839	
名 歴史家，歴史学者	0848	
名 導入，紹介	0854	
名 想像(力)	0850	

意 味	ID	単語を書こう
名 興味，利子	0853	
名 (台所から出る) 生ごみ	0845	
動 を団結させる，(を) 統合する	0837	
名 調和	0847	
名 燃料	0844	
名 懐中電灯	0842	
名 目標，ゴール	0846	
名 重要性	0851	
名 敬意，光栄，名誉	0849	
名 熱	0841	

書いて記憶

学習日　　月　　日

単語	1回目	2回目	3回目	意味
0876 **pause** [pɔːz]				名 休止，中止
0877 **percent** [pərsént]				名 パーセント
0878 **pillow** [pílou]				名 枕
0879 **plate** [pleɪt]				名 皿
0880 **poem** [póuəm]				名 詩
0881 **policy** [pá(:)ləsi]				名 政策，方針
0882 **popularity** [pà(:)pjulǽrəti]				名 人気
0883 **pound** [paund]				名 ポンド（英国の貨幣単位・重量単位）
0884 **praise** [preɪz]				名 称賛，賛美
0885 **presentation** [prèzəntéɪʃən]				名 発表，提示，贈呈
0886 **pressure** [préʃər]				名 圧力
0887 **privacy** [práɪvəsi]				名 プライバシー，秘密
0888 **process** [prá(:)ses]				名 過程，進行，製法
0889 **progress** [prá(:)grəs]				名 進歩，前進
0890 **psychology** [saɪká(:)lədʒi]				名 心理（学）
0891 **race** [reɪs]				名 競走［争］
0892 **rate** [reɪt]				名 比率，割合，速度
0893 **reaction** [riǽkʃən]				名 反応
0894 **relation** [rɪléɪʃən]				名 (～s) 関係，結びつき
0895 **relative** [rélətɪv]				名 親戚，身内

記憶から引き出す

意 味	ID	単語を書こう
名 (～s) 関係，結びつき	0894	
名 称賛，賛美	0884	
名 比率，割合，速度	0892	
名 詩	0880	
名 休止，中止	0876	
名 枕	0878	
名 人気	0882	
名 親戚，身内	0895	
名 心理(学)	0890	
名 進歩，前進	0889	

意 味	ID	単語を書こう
名 反応	0893	
名 競走 [争]	0891	
名 過程，進行，製法	0888	
名 プライバシー，秘密	0887	
名 圧力	0886	
名 皿	0879	
名 発表，提示，贈呈	0885	
名 パーセント	0877	
名 政策，方針	0881	
名 ポンド(英国の貨幣単位・重量単位)	0883	

Unit 44の復習テスト

⇒答えは前Unitを参考に。忘れていたものは，別冊に書き込もう！

意 味	ID	単語を書こう
名 一生，生涯	0857	
名 (the ～) (集合的に) マスコミ，マスメディア	0865	
名 パートナー，配偶者	0875	
名 運行指示，航行，飛行	0870	
名 場所，位置，ロケ地	0860	
名 免許(証)	0856	
名 支配人，管理者，経営者	0863	
名 ショッピングセンター	0862	
名 蚊	0868	
名 メイド，お手伝い	0861	

意 味	ID	単語を書こう
名 必需品，必要，必要性	0871	
名 (ホテル・劇場などの) ロビー	0859	
名 (しばしば *one's* ～) 意見	0873	
名 問題，(～s) 困難，物質	0864	
名 国籍	0869	
名 配達人，使者，使い走り	0867	
名 散らかった状態，ひどいありさま	0866	
名 近所，地域	0872	
名 文学	0858	
名 起源	0874	

書いて記憶

学習日　　月　　日

単語	1回目	2回目	3回目	意味
0896 **resource** [ríːsɔːrs]				名 (通例 ~s) 資源，資金
0897 **reunion** [riːjúːnjən]				名 再会(の集い)，再結合
0898 **reward** [rɪwɔ́ːrd]				名 報奨金，報酬
0899 **root** [ruːt]				名 根，(~s) (人・事物の)ルーツ
0900 **rumor** [rúːmər]				名 うわさ
0901 **safety** [séɪfti]				名 安全
0902 **scene** [siːn]				名 場面，眺め，景色
0903 **science fiction** [sàɪəns fíkʃən]				名 SF，空想科学小説
0904 **score** [skɔːr]				名 得点
0905 **security** [sɪkjúərəti]				名 警備，安全
0906 **selection** [səlékʃən]				名 品ぞろえ，選ばれた物[人]，選択
0907 **sentence** [séntəns]				名 文
0908 **skill** [skɪl]				名 技術，熟練
0909 **smoker** [smóukər]				名 喫煙者
0910 **species** [spíːʃiːz]				名 種(しゅ)
0911 **spider** [spáɪdər]				名 クモ
0912 **statue** [stǽtʃuː]				名 像，彫像
0913 **stereo** [stériòu]				名 ステレオ
0914 **stomach** [stʌ́mək]				名 胃，腹
0915 **strength** [streŋkθ]				名 強さ，力，長所

記憶から引き出す

意 味	ID	単語を書こう
名 喫煙者	0909	
名 場面，眺め，景色	0902	
名 文	0907	
名 クモ	0911	
名 強さ，力，長所	0915	
名 SF，空想科学小説	0903	
名 種（しゅ）	0910	
名 再会（の集い），再結合	0897	
名 品ぞろえ，選ばれた物［人］，選択	0906	
名 得点	0904	

意 味	ID	単語を書こう
名 胃，腹	0914	
名 根，（～s）（人・事物の）ルーツ	0899	
名 うわさ	0900	
名 （通例 ～s）資源，資金	0896	
名 警備，安全	0905	
名 像，彫像	0912	
名 ステレオ	0913	
名 技術，熟練	0908	
名 報奨金，報酬	0898	
名 安全	0901	

単語編

でる度 C

0896 ～ 0915

Unit 45の復習テスト

⇒答えは前Unitを参考に。忘れていたものは，別冊に書き込もう！

意 味	ID	単語を書こう
名 政策，方針	0881	
名 休止，中止	0876	
名 パーセント	0877	
名 プライバシー，秘密	0887	
名 ポンド（英国の貨幣単位・重量単位）	0883	
名 親戚，身内	0895	
名 競走［争］	0891	
名 反応	0893	
名 枕	0878	
名 称賛，賛美	0884	

意 味	ID	単語を書こう
名 心理（学）	0890	
名 詩	0880	
名 （～s）関係，結びつき	0894	
名 人気	0882	
名 皿	0879	
名 進歩，前進	0889	
名 発表，提示，贈呈	0885	
名 比率，割合，速度	0892	
名 過程，進行，製法	0888	
名 圧力	0886	

書いて記憶

学習日　　月　　日

単語	1回目	2回目	3回目	意味
0916 **surface** [sə́:*r*fəs]				名 表面，(the ~)外見
0917 **talent** [tǽlənt]				名 才能，才能のある人たち
0918 **teammate** [tí:mmèɪt]				名 チームメイト
0919 **technology** [teknɑ́(:)lədʒi]				名 科学技術，テクノロジー
0920 **tool** [tu:l]				名 道具
0921 **toothache** [tú:θèɪk]				名 歯痛
0922 **topic** [tɑ́(:)pɪk]				名 話題，トピック
0923 **truth** [tru:θ]				名 (通例 the ~)真実
0924 **vase** [veɪs]				名 花瓶
0925 **victim** [víktɪm]				名 犠牲(者)，いけにえ
0926 **wheat** [*h*wi:t]				名 小麦
0927 **width** [wɪdθ]				名 横幅，(幅の)広さ
0928 **achievement** [ətʃí:vmənt]				名 功績，業績，達成
0929 **admission** [ədmíʃən]				名 入場(許可)，入会，入学
0930 **aisle** [aɪl]				名 通路
0931 **appreciation** [əprì:ʃiéɪʃən]				名 感謝，評価
0932 **arrival** [əráɪvəl]				名 到着
0933 **attitude** [ǽtətjù:d]				名 態度
0934 **attraction** [ətrǽkʃən]				名 (観光の)名所，呼び物，魅力
0935 **baggage** [bǽgɪdʒ]				名 手荷物

記憶から引き出す

意 味	ID	単語を書こう
名 手荷物	0935	
名 道具	0920	
名 通路	0930	
名 到着	0932	
名 花瓶	0924	
名 横幅，(幅の)広さ	0927	
名 (通例 the ～)真実	0923	
名 小麦	0926	
名 話題，トピック	0922	
名 才能，才能のある人たち	0917	

意 味	ID	単語を書こう
名 犠牲(者)，いけにえ	0925	
名 感謝，評価	0931	
名 態度	0933	
名 入場(許可)，入会，入学	0929	
名 (観光の)名所，呼び物，魅力	0934	
名 チームメイト	0918	
名 科学技術，テクノロジー	0919	
名 歯痛	0921	
名 功績，業績，達成	0928	
名 表面，(the ～)外見	0916	

Unit 46の復習テスト

⇒答えは前Unitを参考に。忘れていたものは，別冊に書き込もう！

意 味	ID	単語を書こう
名 安全	0901	
名 強さ，力，長所	0915	
名 再会(の集い)，再結合	0897	
名 種(しゅ)	0910	
名 喫煙者	0909	
名 警備，安全	0905	
名 胃，腹	0914	
名 像，影像	0912	
名 文	0907	
名 報奨金，報酬	0898	

意 味	ID	単語を書こう
名 得点	0904	
名 SF，空想科学小説	0903	
名 うわさ	0900	
名 技術，熟練	0908	
名 根，(～s)(人・事物の)ルーツ	0899	
名 (通例 ～s)資源，資金	0896	
名 ステレオ	0913	
名 クモ	0911	
名 品ぞろえ，選ばれた物［人］，選択	0906	
名 場面，眺め，景色	0902	

書いて記憶

学習日　　月　　日

単語	1回目	2回目	3回目	意味
0936 **belief** [bɪlíːf]				名 信仰，確信，信念
0937 **biology** [baɪɑ́(ː)lədʒi]				名 生物学
0938 **bottom** [bɑ́(ː)təm]				名 (the ～)底，(通例 the ～)下部
0939 **brain** [breɪn]				名 脳，(しばしば ～s)頭脳，(the ～s)(グループの)ブレーン
0940 **branch** [bræntʃ]				名 枝，支流，支店
0941 **campaign** [kæmpéɪn]				名 (社会的・政治的・商業的)運動，組織的活動，キャンペーン
0942 **code** [koʊd]				名 暗号，規範
0943 **competition** [kɑ̀(ː)mpətíʃən]				名 競争，競技(会)，試合
0944 **conclusion** [kənklúːʒən]				名 結論，結び
0945 **connection** [kənékʃən]				名 関係，結合
0946 **creation** [kri(ː)éɪʃən]				名 創作，創造
0947 **delivery** [dɪlívəri]				名 配達
0948 **demonstration** [dèmənstréɪʃən]				名 デモ，実演
0949 **economy** [ɪkɑ́(ː)nəmi]				名 (しばしば the ～)経済，倹約
0950 **expression** [ɪkspréʃən]				名 表現，表情
0951 **factor** [fǽktər]				名 要素，要因
0952 **failure** [féɪljər]				名 失敗
0953 **fair** [feər]				名 見本市，博覧会，品評会
0954 **fare** [feər]				名 (乗り物の)料金
0955 **fault** [fɔːlt]				名 欠点，誤り

記憶から引き出す

意 味	ID	単語を書こう
名 欠点，誤り	0955	
名 競争，競技(会)，試合	0943	
名 (社会的・政治的・商業的)運動，組織的活動，キャンペーン	0941	
名 (the ～)底，(通例 the ～)下部	0938	
名 配達	0947	
名 脳，(しばしば ～s)頭脳，(the ～s)(グループの)ブレーン	0939	
名 信仰，確信，信念	0936	
名 暗号，規範	0942	
名 (しばしば the ～)経済，倹約	0949	
名 表現，表情	0950	

意 味	ID	単語を書こう
名 見本市，博覧会，品評会	0953	
名 創作，創造	0946	
名 生物学	0937	
名 デモ，実演	0948	
名 結論，結び	0944	
名 枝，支流，支店	0940	
名 要素，要因	0951	
名 失敗	0952	
名 関係，結合	0945	
名 (乗り物の)料金	0954	

Unit 47の復習テスト

⇒答えは前Unitを参考に。忘れていたものは，別冊に書き込もう！

意 味	ID	単語を書こう
名 手荷物	0935	
名 歯痛	0921	
名 (観光の)名所，呼び物，魅力	0934	
名 態度	0933	
名 道具	0920	
名 到着	0932	
名 才能，才能のある人たち	0917	
名 話題，トピック	0922	
名 功績，業績，達成	0928	
名 感謝，評価	0931	

意 味	ID	単語を書こう
名 犠牲(者)，いけにえ	0925	
名 表面，(the ～)外見	0916	
名 小麦	0926	
名 科学技術，テクノロジー	0919	
名 通路	0930	
名 チームメイト	0918	
名 花瓶	0924	
名 横幅，(幅の)広さ	0927	
名 (通例 the ～)真実	0923	
名 入場(許可)，入会，入学	0929	

書いて記憶

学習日　　月　　日

単語	1回目	2回目	3回目	意味
0956 fear [fɪər]				名 恐れ，心配
0957 feature [fíːtʃər]				名 特徴，(通例 ~s) 容ぼう
0958 flavor [fléɪvər]				名 味，風味，趣
0959 form [fɔːrm]				名 (書き込み) 用紙，形
0960 generation [dʒènəréɪʃən]				名 世代
0961 grocery [gróusəri]				名 (~ies) 食料雑貨，食料雑貨店
0962 ground [graund]				名 (通例 the ~) 地面，土地
0963 headache [hédèɪk]				名 頭痛
0964 horizon [həráɪzən]				名 (the ~) 地平線，水平線
0965 invitation [ìnvɪtéɪʃən]				名 招待

単語	1回目	2回目	3回目	意味
0966 market [má:rkət]				名 市場
0967 opportunity [à(:)pərtjúːnəti]				名 機会
0968 pain [peɪn]				名 苦痛，(~s) 苦労
0969 pattern [pǽtərn]				名 様式，型，模様
0970 period [píəriəd]				名 期間，時代，ピリオド
0971 personality [pə̀ːrsənǽləti]				名 性格，個性，人格
0972 pride [praɪd]				名 プライド，誇り
0973 production [prədʌ́kʃən]				名 生産
0974 proof [pruːf]				名 証拠
0975 property [prá(:)pərti]				名 (集合的に) 財産，(通例 ~ties) 特性

記憶から引き出す

意 味	ID	単語を書こう
名 生産	0973	
名 味，風味，趣	0958	
名 (～ies) 食料雑貨，食料雑貨店	0961	
名 (the ～) 地平線，水平線	0964	
名 世代	0960	
名 苦痛，(～s) 苦労	0968	
名 (書き込み) 用紙，形	0959	
名 様式，型，模様	0969	
名 プライド，誇り	0972	
名 招待	0965	

意 味	ID	単語を書こう
名 (通例 the ～) 地面，土地	0962	
名 機会	0967	
名 期間，時代，ピリオド	0970	
名 市場	0966	
名 証拠	0974	
名 恐れ，心配	0956	
名 頭痛	0963	
名 (集合的に) 財産，(通例 ～ties) 特性	0975	
名 性格，個性，人格	0971	
名 特徴，(通例 ～s) 容ぼう	0957	

Unit 48の復習テスト

⇒答えは前Unitを参考に。忘れていたものは，別冊に書き込もう！

意 味	ID	単語を書こう
名 創作，創造	0946	
名 デモ，実演	0948	
名 生物学	0937	
名 (しばしば the ～) 経済，倹約	0949	
名 配達	0947	
名 失敗	0952	
名 欠点，誤り	0955	
名 結論，結び	0944	
名 暗号，規範	0942	
名 競争，競技(会)，試合	0943	

意 味	ID	単語を書こう
名 枝，支流，支店	0940	
名 (社会的・政治的・商業的) 運動，組織的活動，キャンペーン	0941	
名 要素，要因	0951	
名 (the ～) 底，(通例 the ～) 下部	0938	
名 表現，表情	0950	
名 (乗り物の) 料金	0954	
名 信仰，確信，信念	0936	
名 脳，(しばしば ～s) 頭脳，(the ～s) (グループの) ブレーン	0939	
名 関係，結合	0945	
名 見本市，博覧会，品評会	0953	

書いて記憶

学習日　　月　　日

単 語	1回目	2回目	3回目	意 味
0976 **recovery** [rɪkʌ́vəri]				名 (a ~) 回復
0977 **scenery** [síːnəri]				名 (集合的に) 風景
0978 **separation** [sèpəréɪʃən]				名 分離
0979 **shadow** [ʃǽdou]				名 影，(日)陰
0980 **sign** [saɪn]				名 標識，合図，前兆
0981 **task** [tæsk]				名 (課せられた) 仕事
0982 **term** [təːrm]				名 期間，学期，専門用語
0983 **theme** [θiːm]				名 テーマ，主題
0984 **thought** [θɔːt]				名 考え，思考
0985 **tradition** [trədíʃən]				名 伝統
0986 **value** [vǽljuː]				名 価値
0987 **vote** [vout]				名 投票，票
0988 **wealth** [welθ]				名 財産，富
0989 **ill** [ɪl]				形 病気で，悪い
0990 **instant** [ínstənt]				形 即時の，即席の
0991 **intelligent** [ɪntélɪdʒənt]				形 知能の高い，気のきいた
0992 **lazy** [léɪzi]				形 怠惰な，ものぐさな
0993 **legal** [líːgəl]				形 法律(上)の，合法的な
0994 **lifelong** [láɪflɔ̀(ː)ŋ]				形 一生の
0995 **mad** [mæd]				形 熱中して，狂気の

記憶から引き出す

意 味	ID	単語を書こう
形 法律(上)の，合法的な	0993	
名 影，(日)陰	0979	
名 標識，合図，前兆	0980	
形 熱中して，狂気の	0995	
形 即時の，即席の	0990	
名 財産，富	0988	
形 怠惰な，ものぐさな	0992	
名 期間，学期，専門用語	0982	
名 考え，思考	0984	
名 分離	0978	

意 味	ID	単語を書こう
形 知能の高い，気のきいた	0991	
形 一生の	0994	
名 (課せられた)仕事	0981	
名 投票，票	0987	
名 テーマ，主題	0983	
名 伝統	0985	
名 (a ～)回復	0976	
形 病気で，悪い	0989	
名 (集合的に)風景	0977	
名 価値	0986	

Unit 49の復習テスト

⇒答えは前Unitを参考に。忘れていたものは，別冊に書き込もう！

意 味	ID	単語を書こう
名 市場	0966	
名 (通例 the ～)地面，土地	0962	
名 プライド，誇り	0972	
名 恐れ，心配	0956	
名 特徴，(通例 ～s)容ぼう	0957	
名 (書き込み)用紙，形	0959	
名 機会	0967	
名 様式，型，模様	0969	
名 (集合的に)財産，(通例 ～ties)特性	0975	
名 (the ～)地平線，水平線	0964	

意 味	ID	単語を書こう
名 期間，時代，ピリオド	0970	
名 味，風味，趣	0958	
名 性格，個性，人格	0971	
名 生産	0973	
名 (～ies)食料雑貨，食料雑貨店	0961	
名 苦痛，(～s)苦労	0968	
名 頭痛	0963	
名 証拠	0974	
名 招待	0965	
名 世代	0960	

書いて記憶

学習日　　月　　日

単語	1回目	2回目	3回目	意味
0996 **medium** [mí:diəm]				形 中間の，中くらいの
0997 **mild** [maɪld]				形 甘口の，穏やかな，適度な
0998 **missing** [mísɪŋ]				形 欠けている，失われた
0999 **mobile** [móubəl]				形 移動可能な
1000 **narrow** [nǽrou]				形 狭い，狭量な
1001 **negative** [négətɪv]				形 否定の，消極的な
1002 **overweight** [óuvərwèɪt]				形 太り過ぎの，重量超過の
1003 **painful** [péɪnfəl]				形 つらい，苦痛な，苦しい
1004 **patient** [péɪʃənt]				形 忍耐強い
1005 **personal** [pə́:rsənəl]				形 個人の，私的な
1006 **physical** [fízɪkəl]				形 身体の，物質的な
1007 **pleasant** [plézənt]				形 気持ちの良い，快い
1008 **polite** [pəláɪt]				形 礼儀正しい
1009 **positive** [pá(:)zətɪv]				形 肯定的な，積極的な
1010 **professional** [prəféʃənəl]				形 プロの，専門の
1011 **rapid** [rǽpɪd]				形 急速な，（動きが）速い
1012 **real** [rí:əl]				形 本当の，真の，実在する
1013 **responsible** [rɪspá(:)nsəbl]				形 責任のある
1014 **rough** [rʌf]				形 （表面が）粗い，大まかな
1015 **round** [raund]				形 丸い

記憶から引き出す

意 味	ID	単語を書こう
形 甘口の，穏やかな，適度な	0997	
形 個人の，私的な	1005	
形 狭い，狭量な	1000	
形 (表面が)粗い，大まかな	1014	
形 つらい，苦痛な，苦しい	1003	
形 プロの，専門の	1010	
形 責任のある	1013	
形 本当の，真の，実在する	1012	
形 気持ちの良い，快い	1007	
形 丸い	1015	

意 味	ID	単語を書こう
形 移動可能な	0999	
形 急速な，(動きが)速い	1011	
形 肯定的な，積極的な	1009	
形 忍耐強い	1004	
形 中間の，中くらいの	0996	
形 太り過ぎの，重量超過の	1002	
形 否定の，消極的な	1001	
形 欠けている，失われた	0998	
形 身体の，物質的な	1006	
形 礼儀正しい	1008	

Unit 50の復習テスト

⇒答えは前Unitを参考に。忘れていたものは，別冊に書き込もう！

意 味	ID	単語を書こう
形 法律(上)の，合法的な	0993	
形 熱中して，狂気の	0995	
名 (集合的に)風景	0977	
名 投票，票	0987	
名 (課せられた)仕事	0981	
名 価値	0986	
名 期間，学期，専門用語	0982	
名 (a ~)回復	0976	
名 テーマ，主題	0983	
名 影，(日)陰	0979	

意 味	ID	単語を書こう
形 病気で，悪い	0989	
形 怠惰な，ものぐさな	0992	
形 一生の	0994	
名 分離	0978	
形 知能の高い，気のきいた	0991	
名 考え，思考	0984	
名 標識，合図，前兆	0980	
名 伝統	0985	
形 即時の，即席の	0990	
名 財産，富	0988	

書いて記憶

学習日　　月　　日

単語	1回目	2回目	3回目	意味
1016 **scary** [skéəri]				形 恐ろしい
1017 **sharp** [ʃɑːrp]				形 鋭い，(坂などが)急な，鋭敏な
1018 **shy** [ʃaɪ]				形 引っ込み思案の，恥ずかしがりの
1019 **spicy** [spáɪsi]				形 ぴりっとした，薬味の効いている
1020 **standard** [stǽndərd]				形 標準の
1021 **steady** [stédi]				形 着実な，一定した，固定された
1022 **stressful** [strésfəl]				形 ストレスの原因となる，緊張を強いる
1023 **strict** [strɪkt]				形 厳しい
1024 **tasty** [téɪsti]				形 おいしい，風味の良い
1025 **technical** [téknɪkəl]				形 専門の，工業技術の

単語	1回目	2回目	3回目	意味
1026 **terrible** [térəbl]				形 ひどい，恐ろしい
1027 **thick** [θɪk]				形 太い，厚い
1028 **tidy** [táɪdi]				形 きちんとした，身ぎれいな，きちょうめんな
1029 **typical** [típɪkəl]				形 典型的な
1030 **unfriendly** [ʌnfréndli]				形 不親切な，よそよそしい
1031 **unknown** [ʌnnóun]				形 知られていない，無名の
1032 **unlikely** [ʌnláɪkli]				形 ありそうにない
1033 **useless** [júːsləs]				形 無駄な，役に立たない
1034 **violent** [váɪələnt]				形 乱暴な，激しい
1035 **worth** [wəːrθ]				形 価値がある

記憶から引き出す

意 味	ID	単語を書こう
形 ぴりっとした，薬味の効いている	1019	
形 不親切な，よそよそしい	1030	
形 厳しい	1023	
形 太い，厚い	1027	
形 着実な，一定した，固定された	1021	
形 ストレスの原因となる，緊張を強いる	1022	
形 ひどい，恐ろしい	1026	
形 引っ込み思案の，恥ずかしがりの	1018	
形 知られていない，無名の	1031	
形 典型的な	1029	

意 味	ID	単語を書こう
形 きちんとした，身ぎれいな，きちょうめんな	1028	
形 無駄な，役に立たない	1033	
形 鋭い，（坂などが）急な，鋭敏な	1017	
形 ありそうにない	1032	
形 恐ろしい	1016	
形 乱暴な，激しい	1034	
形 標準の	1020	
形 おいしい，風味の良い	1024	
形 価値がある	1035	
形 専門の，工業技術の	1025	

Unit 51の復習テスト

⇒答えは前Unitを参考に。忘れていたものは，別冊に書き込もう！

意 味	ID	単語を書こう
形 身体の，物質的な	1006	
形 欠けている，失われた	0998	
形 中間の，中くらいの	0996	
形 太り過ぎの，重量超過の	1002	
形 肯定的な，積極的な	1009	
形 つらい，苦痛な，苦しい	1003	
形 甘口の，穏やかな，適度な	0997	
形 丸い	1015	
形 気持ちの良い，快い	1007	
形 本当の，真の，実在する	1012	

意 味	ID	単語を書こう
形 礼儀正しい	1008	
形 個人の，私的な	1005	
形 忍耐強い	1004	
形 （表面が）粗い，大まかな	1014	
形 プロの，専門の	1010	
形 急速な，（動きが）速い	1011	
形 移動可能な	0999	
形 責任のある	1013	
形 狭い，狭量な	1000	
形 否定の，消極的な	1001	

書いて記憶

学習日　　月　　日

単語	1回目	2回目	3回目	意味
1036 **active** [ǽktɪv]				形 活動的な，積極的な
1037 **amazing** [əméɪzɪŋ]				形 驚くべき，びっくりするほどの
1038 **exact** [ɪgzǽkt]				形 正確な
1039 **general** [dʒénərəl]				形 一般の，全体の
1040 **individual** [ìndɪvídʒuəl]				形 個人の，個々の
1041 **nuclear** [njú:kliər]				形 原子力利用の，核の
1042 **opposite** [á(:)pəzɪt]				形 反対の
1043 **pure** [pjuər]				形 汚れていない，純粋な
1044 **raw** [rɔ:]				形 未加工の，生(なま)の
1045 **reasonable** [rí:zənəbl]				形 手ごろな，道理に合った
1046 **rude** [ru:d]				形 無作法な
1047 **specific** [spəsífɪk]				形 特定の，明確な
1048 **stupid** [stjú:pəd]				形 愚かな
1049 **superior** [supíəriər]				形 優れた
1050 **tight** [taɪt]				形 きつい
1051 **unique** [juní:k]				形 独特の，ユニークな，唯一の
1052 **unkind** [ʌ̀nkáɪnd]				形 不親切な
1053 **valuable** [vǽljuəbl]				形 貴重な，高価な
1054 **various** [véəriəs]				形 さまざまな
1055 **visible** [vízəbl]				形 目に見える，明白な

記憶から引き出す

意 味	ID	単語を書こう
形 目に見える，明白な	1055	
形 原子力利用の，核の	1041	
形 手ごろな，道理に合った	1045	
形 個人の，個々の	1040	
形 活動的な，積極的な	1036	
形 驚くべき，びっくりするほどの	1037	
形 不親切な	1052	
形 一般の，全体の	1039	
形 特定の，明確な	1047	
形 未加工の，生の	1044	

意 味	ID	単語を書こう
形 無作法な	1046	
形 優れた	1049	
形 汚れていない，純粋な	1043	
形 愚かな	1048	
形 独特の，ユニークな，唯一の	1051	
形 反対の	1042	
形 さまざまな	1054	
形 貴重な，高価な	1053	
形 きつい	1050	
形 正確な	1038	

Unit 52の復習テスト

⇒答えは前Unitを参考に。忘れていたものは，別冊に書き込もう！

意 味	ID	単語を書こう
形 ありそうにない	1032	
形 乱暴な，激しい	1034	
形 標準の	1020	
形 太い，厚い	1027	
形 着実な，一定した，固定された	1021	
形 ひどい，恐ろしい	1026	
形 知られていない，無名の	1031	
形 典型的な	1029	
形 きちんとした，身ぎれいな，きちょうめんな	1028	
形 無駄な，役に立たない	1033	

意 味	ID	単語を書こう
形 価値がある	1035	
形 引っ込み思案の，恥ずかしがりの	1018	
形 ぴりっとした，薬味の効いている	1019	
形 不親切な，よそよそしい	1030	
形 厳しい	1023	
形 おいしい，風味の良い	1024	
形 恐ろしい	1016	
形 ストレスの原因となる，緊張を強いる	1022	
形 専門の，工業技術の	1025	
形 鋭い，（坂などが）急な，鋭敏な	1017	

書いて記憶

学習日　　月　　日

単語	1回目	2回目	3回目	意味
1056 **wise** [waɪz]				形 賢い，賢明な
1057 **hardly** [háːrdli]				副 ほとんど～ない
1058 **hopefully** [hóupfəli]				副 願わくば，うまくいけば
1059 **lately** [léɪtli]				副 最近，近ごろ
1060 **mainly** [méɪnli]				副 主に
1061 **mostly** [móustli]				副 主として，大部分は
1062 **necessarily** [nèsəsérəli]				副 (否定文で)必ずしも(～でない)，必然的に
1063 **properly** [prá(ː)pərli]				副 適切に
1064 **rather** [rǽðər]				副 かなり，むしろ
1065 **secretly** [síːkrətli]				副 ひそかに
1066 **shortly** [ʃɔ́ːrtli]				副 じきに，間もなく
1067 **sincerely** [sɪnsíərli]				副 心から
1068 **straight** [streɪt]				副 真っすぐに
1069 **strongly** [strɔ́(ː)ŋli]				副 強く，激しく
1070 **surprisingly** [sərpráɪzɪŋli]				副 驚くほど，意外にも
1071 **therefore** [ðéərfɔ̀ːr]				副 それ故に
1072 **totally** [tóutəli]				副 完全に，全く，とても
1073 **accidentally** [æ̀ksɪdéntəli]				副 誤って，偶然に
1074 **currently** [kə́ːrəntli]				副 現在(のところ)
1075 **endlessly** [éndləsli]				副 果てしなく

記憶から引き出す

意 味	ID	単語を書こう
副 願わくば，うまくいけば	1058	
副 主として，大部分は	1061	
副 驚くほど，意外にも	1070	
副 最近，近ごろ	1059	
副 適切に	1063	
副 誤って，偶然に	1073	
副 かなり，むしろ	1064	
副 (否定文で) 必ずしも (～でない)，必然的に	1062	
副 じきに，間もなく	1066	
副 それ故に	1071	

意 味	ID	単語を書こう
副 現在 (のところ)	1074	
副 主に	1060	
副 ほとんど～ない	1057	
副 強く，激しく	1069	
副 真っすぐに	1068	
副 完全に，全く，とても	1072	
副 心から	1067	
副 果てしなく	1075	
形 賢い，賢明な	1056	
副 ひそかに	1065	

Unit 53の復習テスト

⇒答えは前Unitを参考に。忘れていたものは，別冊に書き込もう！

意 味	ID	単語を書こう
形 反対の	1042	
形 正確な	1038	
形 未加工の，生(なま)の	1044	
形 さまざまな	1054	
形 目に見える，明白な	1055	
形 貴重な，高価な	1053	
形 原子力利用の，核の	1041	
形 優れた	1049	
形 無作法な	1046	
形 驚くべき，びっくりするほどの	1037	

意 味	ID	単語を書こう
形 手ごろな，道理に合った	1045	
形 独特の，ユニークな，唯一の	1051	
形 愚かな	1048	
形 特定の，明確な	1047	
形 個人の，個々の	1040	
形 きつい	1050	
形 汚れていない，純粋な	1043	
形 一般の，全体の	1039	
形 活動的な，積極的な	1036	
形 不親切な	1052	

書いて記憶

学習日　　月　　日

単語	1回目	2回目	3回目	意味
1076 **extremely** [ɪkstríːmli]				副 非常に，極端に
1077 **immediately** [ɪmíːdiətli]				副 直ちに
1078 **increasingly** [ɪnkríːsɪŋli]				副 ますます，だんだん
1079 **indeed** [ɪndíːd]				副 実は，本当に
1080 **nevertheless** [nèvərðəlés]				副 それにもかかわらず
1081 **normally** [nɔ́ːrməli]				副 通常は，普通は
1082 **obviously** [á(ː)bviəsli]				副 明らかに
1083 **rarely** [réərli]				副 めったに～しない
1084 **slightly** [sláɪtli]				副 少し，わずかに
1085 **terribly** [térəbli]				副 ひどく，とても

記憶から引き出す

意 味	ID	単語を書こう
副 直ちに	1077	
副 ますます，だんだん	1078	
副 非常に，極端に	1076	
副 通常は，普通は	1081	
副 実は，本当に	1079	

意 味	ID	単語を書こう
副 ひどく，とても	1085	
副 明らかに	1082	
副 めったに～しない	1083	
副 少し，わずかに	1084	
副 それにもかかわらず	1080	

Unit 54の復習テスト

⇒答えは前Unitを参考に。忘れていたものは，別冊に書き込もう！

意 味	ID	単語を書こう
副 強く，激しく	1069	
副 ひそかに	1065	
形 賢い，賢明な	1056	
副 誤って，偶然に	1073	
副 果てしなく	1075	
副 願わくば，うまくいけば	1058	
副 主として，大部分は	1061	
副 適切に	1063	
副 主に	1060	
副 かなり，むしろ	1064	

意 味	ID	単語を書こう
副 真っすぐに	1068	
副 それ故に	1071	
副 (否定文で)必ずしも(～でない)，必然的に	1062	
副 驚くほど，意外にも	1070	
副 完全に，全く，とても	1072	
副 最近，近ごろ	1059	
副 じきに，間もなく	1066	
副 ほとんど～ない	1057	
副 現在(のところ)	1074	
副 心から	1067	

Unit 55の復習テスト

⇒答えは本Unitを参考に。忘れていたものは，別冊に書き込もう！

意味	ID	単語を書こう
副 めったに～しない	1083	
副 ますます，だんだん	1078	
副 それにもかかわらず	1080	
副 明らかに	1082	
副 実は，本当に	1079	

意味	ID	単語を書こう
副 非常に，極端に	1076	
副 通常は，普通は	1081	
副 ひどく，とても	1085	
副 少し，わずかに	1084	
副 直ちに	1077	

熟語編

でる度 A 常にでる基本熟語

210

Unit 56
～
Unit 66

書いて記憶

学習日　　月　　日

熟語	1回目	2回目	意味
1086 *A* as well as *B*			B はもちろんのこと A も
1087 a couple of ～			2，3の～，2つの～
1088 a number of ～			いくつかの～，たくさんの～
1089 a variety of ～			さまざまな～
1090 according to ～			～によれば
1091 after a while			しばらくして
1092 all the way			はるばる
1093 along with ～			～と一緒に
1094 apply for ～			～に応募する
1095 as a result of ～			～の結果として

熟語	1回目	2回目	意味
1096 as ～ as possible			できるだけ～
1097 as if [though] ...			まるで…のように
1098 as usual			いつものように
1099 ask for ～			～を求める
1100 at first			初めは
1101 at least			少なくとも
1102 at the sight of ～			～を見て
1103 be against ～			～に反対である
1104 be away			留守にする
1105 be bad [poor] at ～			～が下手である

書いて記憶

学習日　　月　　日

熟語	1回目	2回目	意味
1106 be based on ~			~に基づいている
1107 be crowded with ~			~で混雑している
1108 be dependent on ~			~に依存している
1109 be different from ~			~と異なる
1110 be familiar with ~			~に精通している
1111 be far from ~			決して~ではない
1112 be full of ~			~でいっぱいである
1113 be independent of ~			~から独立している
1114 be likely to *do*			~しそうである
1115 be looking forward to *doing*			~することを楽しみにして待つ
1116 be made up of ~			~から成る
1117 be popular with ~			~に人気がある
1118 be proud of ~			~を誇りに思う
1119 be ready for ~			~の用意ができている
1120 be responsible for ~			~に対して責任がある
1121 be said to be ~			~であると言われている
1122 be satisfied with ~			~に満足している
1123 be similar to ~			~と似ている
1124 be sold out			売り切れている
1125 be supposed to *do*			(当然)~するものとされている

Unit 56の復習テスト ⇒忘れていた熟語は，別冊に書き込もう！

ID	訳文に合う英文になるように空欄に熟語を書こう
1088	Some stars are, like our sun, circled by (　　) (　　) (　　) planets. ▶ 恒星の中には太陽のように，**いくつかの**惑星がその周りを回っているものがある。
1087	I'm going to stay in Oxford for (　　) (　　) (　　) weeks. ▶ 私はオックスフォードに**2，3**週間滞在する予定だ。
1094	He (　　) (　　) a job to pick apples on a farm in Aomori. ▶ 彼は青森の農園でリンゴを摘む仕事**に応募した**。
1090	(　　) (　　) this magazine, the actress is going to marry a jazz musician. ▶ この雑誌**によれば**，その女優はジャズミュージシャンと結婚するそうだ。
1103	I don't know whether he (　　) for or (　　) gun control. ▶ 彼が銃規制**に**賛成であるか，**反対である**か分からない。
1105	I'm really (　　) (　　) singing, so I don't like to go to karaoke. ▶ 私は本当に歌**が下手**なので，カラオケに行くのは好きではない。
1086	I like classical music (　　) (　　) (　　) jazz. ▶ 私はジャズ**はもちろんのこと**クラシック音楽**も**好きだ。
1096	Please write me back (　　) soon (　　) (　　). ▶ **できるだけ**早く返事をください。
1098	Tom found it impossible to ask Kate for a favor (　　) (　　). ▶ トムは，ケイトに**いつものように**お願いすることはできないのだと分かった。
1089	The packaging used by supermarkets creates (　　) (　　) (　　) environmental problems. ▶ スーパーで使用される包装材は**さまざまな**環境問題を引き起こしている。
1104	Who will take care of your cat while you (　　) (　　) on a trip? ▶ あなたが旅行で**留守にする**間，誰があなたの猫の世話をするのですか。
1092	Bill came (　　) (　　) (　　) from Florida. It was a really long trip. ▶ ビルはフロリダから**はるばる**やってきた。本当に長旅だった。
1095	(　　) (　　) (　　) (　　) new developments in telephone communication technology, the cost of calls will be reduced. ▶ 電話通信技術の新たな発達**の結果として**，通話料が引き下げられるだろう。
1097	Brent is an American, but he speaks Japanese (　　) (　　) it were his mother tongue. ▶ ブレントはアメリカ人であるが，**まるで**母国語**のように**日本語を話す。
1099	You should (　　) (　　) a second opinion. ▶ 君は他の人の意見**を求める**べきだ。
1101	It took them (　　) (　　) five years to build the house. ▶ その家を建てるのに彼らは**少なくとも**５年を要した。
1093	They sent us a lot of medicine (　　) (　　) food and water. ▶ 彼らは私たちに，食糧や水**と一緒に**たくさんの薬を送ってきた。
1091	(　　) (　　) (　　), people lost interest in the scandal. ▶ **しばらくすると**，人々はそのスキャンダルへの興味を失った。
1100	(　　) (　　) the branch had only two clerks, but now over 50 people work there. ▶ **当初は**，その支店には事務員が２人しかいなかったが，今では50人以上がそこで働いている。
1102	He changed his mind (　　) (　　) (　　) (　　) tears in his mother's eyes. ▶ 彼は母の涙**を見て**，考えを変えた。

Unit 56の復習テスト解答 1088 a number of 1087 a couple of 1094 applied for 1090 According to 1103 is against 1105 bad at 1086 as well as 1096 as as possible 1098 as usual 1089 a variety of 1104 are away 1092 all the way 1095 As a result of 1097 as if 1099 ask for 1101 at least 1093 along with 1091 After a while 1100 At first 1102 at the sight of

書いて記憶

学習日　　月　　日

	熟語	1回目	2回目	意味
1126	be tired of ～			～に飽きる
1127	be used to *doing*			～するのに慣れている
1128	be worried about ～			～を心配する
1129	because of ～			～の理由で
1130	believe in ～			～の存在を信じる
1131	break down			故障する
1132	bring about ～			～をもたらす，～を引き起こす
1133	by accident			偶然に
1134	by chance			偶然に
1135	by heart			暗記して
1136	by mistake			間違って
1137	by nature			生まれつき
1138	by the end of ～			～の終わりまでには
1139	call out			大声で呼びかける
1140	can't help *doing*			～せざるを得ない
1141	carry out ～			～を実行する
1142	catch up with ～			～に追いつく
1143	check out			チェックアウトする
1144	come across ～			～をふと見つける，～に偶然出会う
1145	come out			(太陽・月などが)出る，(花が)咲く

Unit 57の復習テスト ⇒忘れていた熟語は，別冊に書き込もう！

ID	訳文に合う英文になるように空欄に熟語を書こう
1113	It's about time you ( ) ( ) ( ) your parents. ▶ そろそろ君は親**から独立する**ときだ。
1110	He ( ) ( ) ( ) Japanese culture. ▶ 彼は日本文化**に精通している**。
1109	My opinion ( ) ( ) ( ) yours. ▶ 私の意見はあなたの**とは違う**。
1111	The food was so cold and salty that it ( ) ( ) ( ) satisfying. ▶ 食事はとても冷めていて塩辛かったので，**決して**満足のいくもの**ではなかった**。
1121	Students who do well in school ( ) ( ) ( ) ( ) intelligent. ▶ 学校で成績が良い生徒は知能が高い**と言われている**。
1115	We ( ) ( ) ( ) ( ) ( ) skiing next month. ▶ 私たちは来月，スキーに**行くのを楽しみにしている**。
1124	I'm sorry shirts of this design in a medium size ( ) all ( ) ( ). ▶ このデザインのMサイズのシャツは，あいにくすべて**売り切れている**。
1120	The video shows which person ( ) ( ) ( ) the accident. ▶ そのビデオを見れば，どの人がその事故**に対して責任がある**のかが分かる。
1116	Water ( ) ( ) ( ) ( ) hydrogen and oxygen. ▶ 水は水素と酸素**から成る**。
1118	We ( ) ( ) ( ) your achievements at school. ▶ 私たちはあなたの学校の成績**を誇りに思う**。
1112	The children ( ) ( ) ( ) hopes and dreams. ▶ 子どもたちは夢と希望**でいっぱいだった**。
1123	This event ( ) ( ) ( ) the Japanese obon festival. ▶ この行事は日本のお盆**と似ている**。
1106	His new novel ( ) ( ) ( ) his own experiences. ▶ 彼の今度の小説は彼自身の体験**に基づいている**。
1122	We ( ) ( ) ( ) the efforts of the hospital staff. ▶ 私たちは病院職員の努力**に満足していた**。
1108	Japan ( ) ( ) ( ) foreign countries for oil. ▶ 日本は石油に関して外国**に依存している**。
1119	She got all dressed up and ( ) ( ) ( ) her date. ▶ 彼女はすっかりおめかしして，デート**の準備ができていた**。
1107	Every train ( ) ( ) ( ) passengers. ▶ どの電車も乗客**で混雑していた**。
1125	Eating too much fat ( ) ( ) ( ) ( ) various diseases. ▶ 脂肪の取り過ぎは様々な病気**の原因になるとされている**。
1114	From these weather maps, they find out where a storm ( ) ( ) ( ) ( ). ▶ これらの天気図から，彼らはどこで嵐が**発生しそう**かを知る。
1117	Mr. Smith ( ) ( ) ( ) the students because his lessons are interesting. ▶ 授業が面白いので，スミス先生は生徒**に人気がある**。

熟語編

でる度 A

1126 ～ 1145

Unit 57の復習テスト解答 1113 were independent of 1110 is familiar with 1109 is different from 1111 was far from 1121 are said to be 1115 are looking forward to going 1124 are sold out 1120 is responsible for 1116 is made up of 1118 are proud of 1112 were full of 1123 is similar to 1106 is based on 1122 were satisfied with 1108 is dependent on 1119 was ready for 1107 was crowded with 1125 is supposed to cause 1114 is likely to form 1117 is popular with

書いて記憶

学習日　　月　　日

熟語	1回目	2回目	意味
1146 come true			実現する
1147 do well			うまくいく，成功する
1148 dress up			正装する
1149 drop by			ひょいと立ち寄る
1150 each other			お互い
1151 either *A* or *B*			A か B のどちらか
1152 enough to *do*			～するのに十分な
1153 even if ...			たとえ…でも
1154 (every) now and then			時々
1155 every other month [day, year, week]			1カ月[日，年，週間]おきに
1156 fall asleep			寝入る
1157 fill up ～			～を満たす，～をいっぱいにする
1158 find out ～			～を見つけ出す
1159 for a while			しばらく(の間)
1160 for free			無料で
1161 for fun			遊びで
1162 for instance			例えば
1163 for the first time			初めて
1164 get *A* back from *B*			B から A を取り戻す
1165 get *A* to *do*			A に～してもらう

Unit 58の復習テスト ⇒忘れていた熟語は，別冊に書き込もう！

ID	訳文に合う英文になるように空欄に熟語を書こう
1139	I ( ) ( ) for help, but no one noticed me. ▶ 私は助けを求めて**大声で呼びかけた**が，誰も私に気づかなかった。
1137	Helen is, ( ) ( ), an optimist. ▶ ヘレンは**生来の**楽天家だ。
1136	Silly me! I've taken someone else's umbrella ( ) ( ). ▶ しまった！ 他の人の傘を**間違って**持ってきてしまった。
1142	Mary missed two weeks of school, so she has to work hard to ( ) ( ) ( ) her class. ▶ メアリーは学校を2週間休んだので，授業**に追いつく**ために一生懸命勉強しなければならない。
1135	In this assignment, you are all supposed to learn this poem ( ) ( ). ▶ この課題では，皆さんは全員この詩を**暗記し**なければなりません。
1129	Global Airways Flight 401 to Los Angeles has been delayed ( ) ( ) engine trouble. ▶ グローバル航空ロサンゼルス行き401便は，エンジントラブル**のために**遅れている。
1134	Nicole met an old friend at the station ( ) ( ) yesterday. ▶ 昨日，ニコールは駅で**偶然に**昔の友達に会った。
1133	The boys found the wall paintings in the cave ( ) ( ). ▶ 少年たちは**偶然に**洞窟で壁画を発見した。
1141	Everybody respects Jeremy because he ( ) ( ) all his responsibilities. ▶ ジェレミーは自分の責務**を**すべて**実行する**ので，誰もが彼を尊敬している。
1128	I heard about the accident in China on the television news, and I ( ) very ( ) ( ) him. ▶ 私はテレビのニュースで中国での事故のことを聞き，彼のこと**を**大変**心配していた**。
1144	I ( ) ( ) my old diary when I was cleaning my room yesterday. ▶ 私は昨日自分の部屋を掃除していたとき，昔の日記**をふと見つけた**。
1130	My children don't seem to ( ) ( ) Santa Claus anymore. ▶ 私の子どもたちはもう，サンタクロース**の存在を信じてい**ないようだ。
1131	My car ( ) ( ) this morning and won't be repaired until Friday. ▶ 今朝，私の車は**故障して**，金曜日まで直らない。
1138	( ) ( ) ( ) ( ) her lecture, everyone realized the importance of the environment. ▶ 彼女の講義**の終わりまでには**，すべての人が環境の重要性を理解した。
1143	In this hotel you have to ( ) ( ) by ten o'clock. ▶ このホテルでは10時までに**チェックアウトし**なければならない。
1126	I'm ( ) ( ) studying. Let's go to lunch. ▶ 勉強は**飽きたな**。お昼を食べに出かけよう。
1132	The Internet has ( ) ( ) many changes in the way we do business. ▶ インターネットは，私たちのビジネスのやり方に多くの変化**をもたらした**。
1145	Sunday morning will be cloudy, but the sun may ( ) ( ) in the afternoon. ▶ 日曜日の午前中は曇りですが，午後は日が**差す**でしょう。
1127	Lucy moved to France just a few months ago, so she isn't ( ) ( ) ( ) French yet. ▶ ルーシーは2，3カ月前にフランスに引っ越したばかりで，まだフランス語**を話すのに慣れてい**ない。
1140	Everyone in our class ( ) ( ) ( ) at Michael's joke. ▶ クラスの誰もがマイケルの冗談を聞いて**笑わずにはいられなかった**。

Unit 58の復習テスト解答 1139 called out 1137 by nature 1136 by mistake 1142 catch up with 1135 by heart 1129 because of 1134 by chance [accident] 1133 by accident [chance] 1141 carries out 1128 was worried about 1144 came across 1130 believe in 1131 broke down 1138 By the end of 1143 check out 1126 tired of 1132 brought about 1145 come out 1127 used to speaking 1140 couldn't help laughing

書いて記憶

学習日　　月　　日

熟語	1回目	2回目	意味
1166 get along [on] with ～			～とうまくやっていく
1167 get away			離れる
1168 get better			体調が良くなる，上手になる
1169 get married			結婚する
1170 get together			集まる
1171 give *A* a ride			A を車に乗せる
1172 give up ～			～をあきらめる
1173 go against ～			～に反する，～に従わない
1174 go ahead			先に行く
1175 go through ～			(苦難など) を経験する
1176 go wrong			(物事が) うまくいかない，(機械などが) 故障する
1177 graduate from ～			～を卒業する
1178 grow up			成長する
1179 had better *do*			～した方がよい
1180 hand in ～			～を提出する
1181 have *A* in common with *B*			B と共通して A を持つ
1182 hear from ～			～から便りをもらう
1183 help *A* (to) *do*			A が～するのを助ける
1184 here and there			あちらこちらに [で]
1185 in addition to ～			～に加えて

Unit 59の復習テスト ⇒忘れていた熟語は，別冊に書き込もう！

ID	訳文に合う英文になるように空欄に熟語を書こう
1161	Don't forget we came here on business, not (　　　) (　　　). ▶ 遊びでではなく仕事でここに来ていることを忘れないように。
1149	Feel free to (　　　) (　　　) whenever you want. ▶ 来たいときはいつでも気軽に立ち寄ってください。
1160	The doctor decided to treat the injured (　　　) (　　　). ▶ 医者は負傷者たちを無料で治療することにした。
1150	The young lovers looked at (　　　) (　　　) and smiled. ▶ 若い恋人たちはお互いを見つめ合って，にっこり笑った。
1156	Mike (　　　) (　　　) while driving and caused an accident. ▶ マイクは運転中に居眠りをして事故を起こした。
1154	(　　　) (　　　) (　　　) (　　　) they went shopping together. ▶ 時々彼らは一緒に買い物に出かけた。
1151	You can (　　　) go to soccer camp (　　　) take painting lessons this summer. ▶ 今年の夏は，あなたはサッカーのキャンプに行くか，絵画のレッスンを受けるか，どちらかをすることができる。
1158	Miss White decided to (　　　) (　　　) which students had played the trick. ▶ ホワイト先生はどの生徒がそのいたずらをしたのかを見つけ出そうと決心した。
1147	Miki was unhappy because she didn't (　　　) (　　　) in her exams. ▶ ミキは試験がうまくいかなかったので，悲しかった。
1162	(　　　) (　　　), it is becoming increasingly difficult to book flights during the summer holidays. ▶ 例えば，夏休み中に飛行機の予約を取ることはますます難しくなっている。
1146	I hope my dreams (　　　) (　　　) someday. ▶ 私の夢がいつか実現したらよいと思う。
1159	He just failed his driving test. You should leave him alone (　　　) (　　　) (　　　). ▶ 彼は運転免許の試験に落ちたばかりだ。しばらく１人にしておく方がよい。
1152	I envy you because you are rich (　　　) (　　　) (　　　) such an expensive car. ▶ そんなに高い車を買えるほどの金持ちだから君がうらやましい。
1163	When I saw an elephant in the wild (　　　) (　　　) (　　　) (　　　), its size overwhelmed me. ▶ 初めて野生の象を見たとき，私はその大きさに圧倒された。
1155	That theater has a foreign film festival (　　　) (　　　) (　　　). ▶ あの劇場では外国映画祭を１カ月おきに実施している。
1153	I'll go and watch the game (　　　) (　　　) it rains. ▶ 私はたとえ雨が降っても，その試合を見に行くつもりだ。
1148	You don't have to (　　　) (　　　) for this party. Jeans and a T-shirt would be fine. ▶ このパーティーには正装する必要はありません。ジーンズとＴシャツで大丈夫でしょう。
1157	Gas is running out, so let's (　　　) (　　　) the car at that gas station. ▶ ガソリンがなくなってきているから，あのスタンドで車を満タンにしよう。
1165	I will (　　　) my son (　　　) (　　　) me with my work. ▶ 息子に私の仕事を手伝ってもらおう。
1164	Did you (　　　) that dictionary (　　　) (　　　) Tony? I need it now. ▶ トニーからあの辞書を返してもらった？ 僕は今それが必要なんだ。

Unit 59の復習テスト解答 1161 for fun 1149 drop by 1160 for free 1150 each other 1156 fell asleep 1154 Every now and then 1151 either or 1158 find out 1147 do well 1162 For instance 1146 come true 1159 for a while 1152 enough to buy 1163 for the first time 1155 every other month 1153 even if 1148 dress up 1157 fill up 1165 get to help 1164 get back from

書いて記憶

学習日　　月　　日

熟語	1回目	2回目	意味
1186 in advance			あらかじめ
1187 in any case			とにかく
1188 in fact			実際は
1189 in order to *do*			～するために
1190 in particular			特に
1191 in return			お返しに
1192 in spite of ～			～にもかかわらず
1193 in that case, ...			その場合には，…
1194 in [at] the beginning of ～			～の初めに
1195 in the long run			長い目で見れば，結局は
1196 in the middle of ～			～の真ん中に
1197 in the past			これまでに，昔は
1198 in time			間に合って
1199 instead of ～			～の代わりに
1200 keep [bear] *A* in mind			A を心に留める
1201 keep (on) *doing*			～し続ける
1202 keep up with ～			～に（遅れないで）ついていく
1203 leave *A* behind			A を置いていく
1204 little by little			少しずつ
1205 look after ～			～の世話をする

Unit 60の復習テスト ⇒忘れていた熟語は，別冊に書き込もう！

ID	訳文に合う英文になるように空欄に熟語を書こう
1180	You must (　　　) (　　　) your tax form before the end of the month. ▶ 月末までに納税申告書**を提出し**なければなりません。
1184	Empty cans were thrown away (　　　) (　　　) (　　　) on the field. ▶ 野原の**あちこちに**空き缶が捨てられていた。
1182	I haven't (　　　) (　　　) Jim since he moved to New York. ▶ ジムがニューヨークに引っ越してから，**便りをもらっ**ていない。
1171	Would you (　　　) me (　　　) (　　　)? ▶ **車で送って**くれますか。
1167	Lisa was stressed out at work, so she decided to (　　　) (　　　) from the city for a change. ▶ リサは仕事でストレスがたまっていたので，気分転換に街から**離れる**ことにした。
1185	(　　　) (　　　) (　　　) English, Mr. Nakajima can speak German fluently. ▶ ナカジマさんは英語**に加えて**，ドイツ語も流暢に話せる。
1178	Susie might (　　　) (　　　) to be an author, as she loves writing. ▶ スージーは書くことが大好きなので，ひょっとすると**大きくなっ**て作家になるかもしれない。
1172	This mountain is too high. Let's (　　　) (　　　) our plan to climb it. ▶ この山は高過ぎる。登山計画**を断念し**よう。
1183	Learning foreign languages will (　　　) you (　　　) (　　　) other cultures. ▶ 外国語を学ぶことは，あなた**が**他の文化**を理解する助けになる**。
1175	I (　　　) (　　　) a lot of difficulties in Mexico. ▶ 私はメキシコで大変な苦労**を経験した**。
1170	Shall we (　　　) (　　　) and talk about our project? ▶ **集まっ**て私たちのプロジェクトについて話しませんか。
1174	(　　　) (　　　) and wait at the porch. I'll be there in a minute. ▶ **先に行っ**て玄関で待っていてください。すぐに行きます。
1173	Ann's parents wanted her to go to college, but she (　　　) (　　　) their wishes and got a job. ▶ アンの両親は彼女を大学に行かせたかったが，彼女は両親の望み**に反し**て仕事に就いた。
1169	She is going to (　　　) (　　　) to John next month. ▶ 彼女は来月ジョンと**結婚する**予定だ。
1181	I (　　　) many things (　　　) (　　　) (　　　) him. ▶ 私には彼**との共通点**がたくさん**ある**。
1177	Ken (　　　) (　　　) university in Kyushu and got a job in Tokyo. ▶ ケンは九州で大学**を卒業し**て，東京で就職した。
1179	She is upset, so you (　　　) (　　　) not (　　　) her the truth now. ▶ 彼女は動揺しているから，今，真実を**伝え**ない**方がよい**。
1166	I'd like to work with Ted. Many people say he's very easy to (　　　) (　　　) (　　　). ▶ 私はテッドと一緒に仕事をしたい。彼**とうまくやっていく**のはとても容易だと多くの人が言っている。
1176	What should I do if something (　　　) (　　　) during your absence? ▶ あなたがいないときに何かが**うまくいかない**場合は，どうしたらいいですか。
1168	Last week Ken was sick in bed with a bad cold, but now he is (　　　) (　　　). ▶ 先週，ケンはひどい風邪で寝込んでいたが，今は**良くなって**きている。

Unit 60の復習テスト解答 1180 hand in 1184 here and there 1182 heard from 1171 give a ride 1167 get away 1185 In addition to 1178 grow up 1172 give up 1183 help to understand 1175 went through 1170 get together 1174 Go ahead 1173 went against 1169 get married 1181 have in common with 1177 graduated from 1179 had better tell 1166 get along with 1176 goes wrong 1168 getting better

書いて記憶

学習日　　月　　日

熟語	1回目	2回目	意味
1206 look up ～			～を調べる
1207 major in ～			～を専攻する
1208 make a decision			決定する，決意する
1209 make a mistake			間違える
1210 make (a) noise			音を立てる，騒ぎ立てる
1211 make friends with ～			～と友達になる
1212 make fun of ～			～をからかう
1213 make *one's* bed			ベッド［寝床］を整える
1214 make sure (that) ...			…であることを確実にする
1215 make up *one's* mind to *do*			～しようと決心する
1216 more ～ than S had expected			S が思っていたよりも～だ
1217 name *A* after *B*			B にちなんで A を名づける
1218 neither *A* nor *B*			A でも B でもない，A も B も～でない
1219 next to ～			～の隣に
1220 no longer ～			もはや～でない
1221 not only *A* but (also) *B*			A ばかりでなく B もまた
1222 on board ～			～に乗って
1223 on business			仕事で
1224 on foot			徒歩で
1225 on purpose			わざと

Unit 61の復習テスト ⇒忘れていた熟語は，別冊に書き込もう！

ID	訳文に合う英文になるように空欄に熟語を書こう
1189	(　　　) (　　　) (　　　) (　　　) enough water into our bodies, we need to drink at least five glasses of water a day. ▶ 体内に十分な水分**を摂取するために**，私たちは少なくとも1日にコップ5杯の水を飲む必要がある。
1199	Thanks to computers, more people can work at home (　　　) (　　　) at the office. ▶ コンピューターのおかげで，ますます多くの人々が会社**の代わりに**家で仕事をすることができる。
1193	(　　　) (　　　) (　　　), maybe I won't go there, either. ▶ **それなら**，おそらく私も行きません。
1198	The train was delayed, but we came (　　　) (　　　) for the meeting. ▶ 電車は遅れたが，私たちは会議に**間に合って**到着した。
1203	A lot of American military jeeps were (　　　) (　　　) in the Philippines. ▶ たくさんのアメリカ軍のジープがフィリピンに**置き去りにさ**れた。
1186	I think you had better pay for the ticket (　　　) (　　　). ▶ **あらかじめ**切符の代金を支払っておく方がよいと思う。
1202	(　　　) (　　　) (　　　) world events by reading newspapers is very important. ▶ 新聞を読んで世界の出来事**に遅れずについていくこと**は非常に大切なことだ。
1195	We can say his plan was a success (　　　) (　　　) (　　　) (　　　). ▶ 彼の計画は**長い目で見れば**成功したと言える。
1205	His school decided to (　　　) (　　　) the kitten and kept it in the teachers' room. ▶ 彼の学校はその子猫**の世話をする**ことにし，職員室でそれを飼った。
1191	I presented a bunch of roses to her (　　　) (　　　) for her hospitality. ▶ 私はもてなしの**お返しに**彼女にバラの花束を贈った。
1192	(　　　) (　　　) (　　　) all our efforts, the conference ended in failure. ▶ 私たちのあらゆる努力**にもかかわらず**，その会議は失敗に終わった。
1196	That festival has been held (　　　) (　　　) (　　　) (　　　) winter for a long time. ▶ その祭りは長い間，冬**の真っただ中に**開かれてきた。
1188	She said she was OK. But (　　　) (　　　), she was badly injured. ▶ 彼女は大丈夫だと言った。ところが**実際は**ひどいけがをしていた。
1200	I'll (　　　) his advice (　　　) (　　　). ▶ 私は彼の忠告**をよく覚えておく**つもりだ。
1197	Whenever he has borrowed things from me (　　　) (　　　) (　　　), they've come back damaged. ▶ **これまでに**彼が私から借りていったものはいつも，壊されて戻ってきた。
1204	Jerry practiced the piano every day, and (　　　) (　　　) (　　　) he got better. ▶ ジェリーは毎日ピアノを練習して，**少しずつ**うまくなっていった。
1201	They (　　　) (　　　) (　　　) until a rescue team came. ▶ 彼らはレスキュー隊が来るまで**歌い続けた**。
1190	This work requires some knowledge of foreign languages, Spanish (　　　) (　　　). ▶ この仕事には外国語，**特に**スペイン語の知識が必要だ。
1194	(　　　) (　　　) (　　　) (　　　) the 19th century, the crops in this area suffered serious damage from cold weather. ▶ 19世紀**初めに**，この地域の作物は冷害による深刻な被害を受けた。
1187	(　　　) (　　　) (　　　), I'll call him tonight. ▶ **とにかく**今夜，彼に電話してみます。

Unit 61の復習テスト解答 1189 In order to get 1199 instead of 1193 In that case 1198 in time 1203 left behind 1186 in advance 1202 Keeping up with 1195 in the long run 1205 look after 1191 in return 1192 In spite of 1196 in the middle of 1188 in fact 1200 keep in mind 1197 in the past 1204 little by little 1201 kept on singing 1190 in particular 1194 In the beginning of 1187 In any case

書いて記憶

学習日　　月　　日

熟 語	1回目	2回目	意 味
1226 on sale			売り出し中で
1227 on (the [an]) average			平均して
1228 on time			時間どおりに
1229 once in a while			時々
1230 pay for ～			～の費用を払う
1231 pick *A* up			A を車で迎えにいく[くる]
1232 pick up ～			～を買い求める，～を入手する
1233 play an important role [part] in ～			～で重要な役割を果たす
1234 plenty of ～			たくさんの～
1235 point out ～			～を指摘する

熟 語	1回目	2回目	意 味
1236 prefer *A* to *B*			B より A を好む
1237 provide *A* with *B*			A に B を供給する
1238 put *A* away			A を片づける
1239 put *A* in order			A を整理する
1240 put down ～			～を書き留める
1241 put off ～			～を延期する
1242 put on ～			～を着用する
1243 put out ～			(明かり・火)を消す
1244 rely on ～			～を信頼する，～を頼る
1245 right away			直ちに

Unit 62の復習テスト ⇒忘れていた熟語は，別冊に書き込もう！

ID	訳文に合う英文になるように空欄に熟語を書こう
1224	I usually take the train, but I go (　　　) (　　　) when I have time. ▶普通は電車に乗りますが，時間があるときには**歩いて**行きます。
1220	Dinosaurs are (　　　) (　　　) alive, but we can read about them in books. ▶恐竜は**もはや**生存してい**ない**が，それらについて本で読むことができる。
1212	Jimmy was accustomed to his friends (　　　) (　　　) (　　　) him. ▶ジミーは友達が自分**をからかうこと**には慣れていた。
1214	When you leave the room, please (　　　) (　　　) (　　　) you turn off the lights. ▶部屋を出るときは，**必ず**明かりを消してください。
1207	My cousin Teddy (　　　) (　　　) French in college and studied in Paris for one year. ▶いとこのテディは大学でフランス語**を専攻し**，パリで１年間勉強した。
1208	It's time for you to (　　　) (　　　) final (　　　) on this plan. ▶この計画についてあなたが最終的な**決定をする**ときだ。
1223	I'm sorry but Mr. Bradley is away (　　　) (　　　). ▶あいにくブラッドリーは**仕事で**出かけています。
1217	I was (　　　) (　　　) my grandpa. ▶私は祖父**にちなんで名づけ**られた。
1213	Be sure to (　　　) (　　　) (　　　) before leaving this room. ▶この部屋を出る前に必ず**ベッドを整えて**ください。
1221	In the West, bread is (　　　) (　　　) considered a kind of food, (　　　) it is (　　　) a symbol for food in general. ▶西洋ではパンは単に食べ物の一種と考えられている**だけでなく**，食べ物全般の象徴**でもある**。
1218	To be frank with you, your report is (　　　) good (　　　) bad. ▶率直に言えば，あなたのレポートは良く**も**悪く**もない**。
1215	Misako (　　　) (　　　) (　　　) (　　　) (　　　) (　　　) a diary. ▶ミサコは日記**をつけようと決心した**。
1206	Diane doesn't know many Japanese words. She often (　　　) (　　　) new words in the dictionary. ▶ダイアンは日本語をあまりたくさんは知らない。彼女は知らない単語**を**辞書でよく**調べる**。
1210	This vacuum cleaner (　　　) a lot of (　　　). ▶この掃除機は非常に**うるさい音がする**。
1219	(　　　) (　　　) the river they are building a new industrial area. ▶その川**に隣接して**，新しい工業地区が建設されつつある。
1209	When you're in a hurry, it's easy to (　　　) (　　　) (　　　). ▶急いでいると，**間違いをし**やすい。
1225	Jack broke his mother's valuable vase, but he didn't do it (　　　) (　　　), so she wasn't angry. ▶ジャックは母親の高価な花瓶を割ってしまったが，**わざと**やったのではなかったので，彼女は怒らなかった。
1216	That kind of fashion became (　　　) popular among young people (　　　) (　　　) (　　　) (　　　). ▶その類のファッションは**私たちが思っていた以上に**若者の間で人気となった。
1211	It took John only one day to (　　　) (　　　) (　　　) his classmates at the new school. ▶ジョンは新しい学校でクラスメート**と友達になる**のに１日しかかからなかった。
1222	After I got (　　　) (　　　) the train, I found I had left my wallet behind at home. ▶電車**に乗っ**た後で，私は財布を家に置き忘れてきたことに気づいた。

Unit 62の復習テスト解答 1224 on foot　1220 no longer　1212 making fun of　1214 make sure that　1207 majored in　1208 make a decision　1223 on business　1217 named after　1213 make your bed　1221 not only but also　1218 neither nor　1215 made up her mind to keep　1206 looks up　1210 makes noise　1219 Next to　1209 make a mistake　1225 on purpose　1216 more than we had expected　1211 make friends with　1222 on board

書いて記憶

学習日　　月　　日

熟語	1回目	2回目	意味
1246 run over ~			(車が)~をひく
1247 search *A* for *B*			B を求めて A(場所)を探す
1248 see if ...			…かどうか確かめる
1249 show up			現れる
1250 slow down			スピードを落とす
1251 so far			今までのところ,そこまでは
1252 so ~ that ...			とても~なので…
1253 so that *A* can [will, may] *do*			A が~できるように[~するように]
1254 something is wrong with ~			~はどこか調子が悪い
1255 sooner or later			遅かれ早かれ

熟語	1回目	2回目	意味
1256 sound like ~			~のようだ,~のように聞こえる
1257 spend *A* *doing*			A(時間)を~して過ごす
1258 stand by ~			~を支援する
1259 stay in bed			寝ている
1260 stay [sit] up late			夜更かしをする
1261 succeed in ~			~に成功する
1262 such as ~			~のような
1263 take *A* back to *B*			B へ A を返品する
1264 take a look at ~			~を見る
1265 take a seat			座る

Unit 63の復習テスト　⇒忘れていた熟語は，別冊に書き込もう！

ID	訳文に合う英文になるように空欄に熟語を書こう
1244	We (　　　　) (　　　　) Patty because she never breaks her promises. ▶ パティは決して約束を破らないので，私たちは彼女**を信頼している**。
1243	Please (　　　　) (　　　　) your cigarette before you enter the museum. ▶ 博物館に入る前にたばこの火**を消し**てください。
1235	I'd like to (　　　　) (　　　　) some problems regarding your suggestion. ▶ 私はあなたの提案に関していくつか問題点**を指摘し**たい。
1226	These items are (　　　　) (　　　　) only during summer. ▶ これらの品物は夏限定で**販売されて**いる。
1239	I (　　　　) the books (　　　　) (　　　　) so that I can find them easily whenever I need them. ▶ 必要なときにいつでも簡単に見つけられるように，私は本**を整理した**。
1234	We should drink (　　　　) (　　　　) water on a hot day. ▶ 私たちは暑い日には**たくさんの**水を飲むべきだ。
1231	He will (　　　　) me (　　　　) at the station tomorrow morning. ▶ 明日の朝，彼が駅まで**車で迎えにきて**くれる予定だ。
1228	Whether he comes or not, we will hold the meeting (　　　　) (　　　　). ▶ 彼が来ても来なくても，私たちは会議を**時間どおりに**開こう。
1238	Will you (　　　　) the dishes (　　　　) in the cupboard? ▶ 皿**を**戸棚へ**しまって**くれますか。
1237	Something went wrong with the power plant that (　　　　) New York (　　　　) electricity. ▶ ニューヨーク**に**電気**を供給している**発電所が故障した。
1245	You should see a doctor (　　　　) (　　　　). ▶ 医者に**すぐ**診てもらうべきだ。
1227	(　　　　) (　　　　) (　　　　) my father works fifty hours a week. ▶ 私の父は**平均して**週に50時間働く。
1241	We had to (　　　　) (　　　　) the soccer game because of the bad weather. ▶ 私たちは悪天候のためにサッカーの試合**を延期し**なければならなかった。
1230	Ted took a part-time job at his father's company to (　　　　) (　　　　) the trip. ▶ テッドは旅行**の費用を払う**ために父親の会社でアルバイトをした。
1233	Bob will (　　　　) (　　　　) (　　　　) (　　　　) (　　　　) the next school festival. ▶ ボブは今度の学園祭**で重要な役割を果たす**だろう。
1242	(　　　　) (　　　　) warm clothes so you won't catch a cold. ▶ 風邪をひかないように暖かい服**を着なさい**。
1240	I (　　　　) (　　　　) his address in my diary. ▶ 私は手帳に彼の住所**を書き留めた**。
1229	They go to the movies together (　　　　) (　　　　) (　　　　) (　　　　). ▶ 彼らは**時々**一緒に映画を見に行く。
1236	Nowadays more and more people (　　　　) country life (　　　　) city life. ▶ 今日では都会の暮らし**より**田舎の暮らし**を好む**人がますます多くなっている。
1232	When you go to the bakery, would you (　　　　) (　　　　) some cookies? ▶ パン屋さんに行ったら，クッキー**を買ってきて**くれますか。

Unit 63の復習テスト解答　1244 rely on　1243 put out　1235 point out　1226 on sale　1239 put in order　1234 plenty of　1231 pick up　1228 on time　1238 put away　1237 provided with　1245 right away　1227 On the average　1241 put off　1230 pay for　1233 play an important role in　1242 Put on　1240 put down　1229 once in a while　1236 prefer to　1232 pick up

熟語編
でる度 A
1246
～
1265

書いて記憶

学習日　　月　　日

熟語	1回目	2回目	意味
1266 take after ～			～に似ている
1267 take care of ～			～を世話する
1268 take off ～			(身につけていた物)を脱ぐ，とる
1269 take over ～			～を引き継ぐ
1270 take part in ～			～に参加する
1271 take place			行われる，起こる
1272 tell a lie			うそをつく
1273 thanks to ～			～のおかげで
1274 That's why ...			そんなわけで…。
1275 the first time ...			初めて…する[した]とき
1276 the instant (that) ...			…するとすぐに
1277 the way ...			…のやり方
1278 There is no doubt (that) ...			…は間違いない。
1279 these days			このごろ
1280 This is because ...			これは…だからである。
1281 throw away ～			～を捨てる
1282 to begin with			まず第一に
1283 together with ～			～に加えて，～と一緒に
1284 too ～ to *do*			…するには～過ぎる
1285 try *one's* best			全力を尽くす

Unit 64の復習テスト ⇒忘れていた熟語は，別冊に書き込もう！

ID	訳文に合う英文になるように空欄に熟語を書こう
1259	Since Kevin is sick, he can't go out. He must ( ) ( ) ( ) all day today. ▶ケビンは病気なので外出できない。今日は1日中寝ていなければならない。
1263	This shirt is too big for you. I'll ( ) it ( ) ( ) the store. ▶このシャツはあなたには大き過ぎますね。明日お店に返品します。
1252	Ellen was ( ) tired ( ) she went to bed early. ▶エレンはとても疲れていたので早く寝た。
1257	He ( ) long hours ( ) together a plastic model. ▶彼はプラモデルを組み立てるのに長時間費やした。
1249	Only a few people ( ) ( ) on time for the meeting. ▶時間どおりに会議に現れたのは2，3人しかいなかった。
1246	My son was almost ( ) ( ) by a car this morning. ▶私の息子は今朝，危うく車にひかれそうになった。
1253	Kathy spoke clearly ( ) ( ) the audience ( ) ( ) her well. ▶キャシーは聴衆がよく理解できるように，はっきりと話した。
1258	Albert, I hope you'll ( ) ( ) me if I get in trouble. ▶アルバート，もし私が困ったら，助けてほしいなあ。
1261	My son finally ( ) ( ) climbing to the top of the highest mountain in Canada. ▶私の息子は，とうとうカナダで一番高い山に登頂することに成功した。
1254	( ) ( ) ( ) ( ) this digital camera. ▶このデジタルカメラは，どこか調子が悪い。
1256	That doesn't ( ) ( ) a fun way to spend a weekend. ▶それではどうも週末を楽しく過ごせそうにないね。
1264	This map is helpful. Why don't you ( ) ( ) ( ) ( ) it? ▶この地図は役に立ちます。それを見てみてはどうですか。
1251	I agree with everything she has said ( ) ( ). ▶私は彼女が今まで言ってきたことすべてに賛成する。
1250	( ) ( ). You are driving too fast. ▶スピードを落としなさい。速く運転し過ぎています。
1247	Karen ( ) all over her house ( ) her missing car key. ▶カレンは，なくなった車の鍵を求めて家中を探した。
1260	I ( ) ( ) ( ) preparing for the examination. ▶私は試験勉強をして夜更かしをした。
1255	( ) ( ) ( ), we'll have to buy a new TV as ours is a very old model. ▶今のはとても古い型なので，遅かれ早かれ新しいテレビを買わなくてはいけないだろう。
1248	Let's ( ) ( ) swimming every day is good for health. ▶毎日泳ぐことが健康に良いかどうか確かめてみよう。
1265	Welcome. Please ( ) ( ) ( ) over there and have some tea. ▶ようこそ。あちらに座ってお茶をどうぞ。
1262	Today, many convenient foods, ( ) ( ) frozen foods and boxed lunches, are gaining popularity. ▶今日，冷凍食品や弁当のような多くの便利な食品が人気を得ている。

Unit 64の復習テスト解答 1259 stay in bed 1263 take back to 1252 so that 1257 spent putting 1249 showed up 1246 run over 1253 so that could understand 1258 stand by 1261 succeeded in 1254 Something is wrong with 1256 sound like 1264 take a look at 1251 so far 1250 Slow down 1247 searched for 1260 stayed up late 1255 Sooner or later 1248 see if 1265 take a seat 1262 such as

書いて記憶

学習日　　月　　日

熟語	1回目	2回目	意味
1286 turn down ～			～を断る
1287 turn on ～			～のスイッチを入れる
1288 turn out to be ～			～であることが分かる
1289 used to *do*			以前は～であった
1290 wait for ～			～を待つ
1291 wake up			目を覚ます
1292 whether ～ or not			～であろうとなかろうと
1293 without fail			必ず，間違いなく
1294 work for ～			～で働く
1295 would like *A* to *do*			A に～してもらいたい

Unit 65の復習テスト ⇒忘れていた熟語は，別冊に書き込もう！

ID	訳文に合う英文になるように空欄に熟語を書こう
1268	You had better (　　) (　　) your coat in the room. ▶ 部屋の中ではコートを脱いだ方がよい。
1285	I'll (　　) (　　) (　　) on the exam. ▶ 試験で全力を尽くします。
1269	Adam is supposed to (　　) (　　) the family business. ▶ アダムが家業を継ぐことになっている。
1275	Most people will feel uneasy (　　) (　　) (　　) they use the machine. ▶ 初めてその機械を使うとき，たいていの人は不安になるものだ。
1270	If we had been in Venice one month earlier, we could have (　　) (　　) (　　) the carnival. ▶ もし１カ月早くベニスに行っていたら，私たちはカーニバルに参加できただろうに。
1266	My mother has big blue eyes and I seem to (　　) (　　) her. ▶ 私の母は大きな青い目をしていて，私は母に似ているようだ。
1278	(　　) (　　) (　　) (　　) (　　) she will pass the entrance examination. ▶ 彼女が入試に合格することは間違いない。
1283	(　　) (　　) Britain, France may ban imports of waste from Germany. ▶ イギリスに加えて，フランスもドイツからの廃棄物の持ち込みを禁止するかもしれない。
1284	You are (　　) young (　　) (　　) out at night. Stay inside. ▶ 君は夜外出するには幼過ぎる。家にいなさい。
1279	(　　) (　　), people usually do all their shopping at a supermarket. ▶ このごろ，人々はたいていスーパーですべての買い物をする。
1273	(　　) (　　) the amusement park built last year, the city has become popular with tourists. ▶ 昨年建設された遊園地のおかげで，その都市は旅行者に人気が出た。
1267	I was asked to (　　) (　　) (　　) her baby, but I refused. ▶ 彼女の赤ちゃんの面倒を見るように頼まれたが，私は断った。
1271	The graduation ceremony (　　) (　　) on the first of March. ▶ 卒業式は３月１日に行われた。
1272	You can trust Mike. He never (　　) (　　) (　　). ▶ マイクは信用して大丈夫。彼は決してうそはつかないよ。
1281	Where should I (　　) (　　) this empty can? ▶ どこにこの空き缶を捨てたらよいのですか。
1276	(　　) (　　) (　　) he saw me, he hurried into his room. ▶ 彼は私を見たとたん，自分の部屋にかけ込んだ。
1277	I like what he says, but I don't like (　　) (　　) he talks. ▶ 彼の言っていることは好きだけれど，彼の話し方は好きではない。
1280	Some spiders are dangerous. (　　) (　　) (　　) they have poisons. ▶ 危険なクモもいる。これはそれらが毒を持っているからである。
1282	(　　) (　　) (　　), I have to apologize to you. ▶ まず第一に，私はあなたに謝らなければなりません。
1274	(　　) (　　) the oil prices have been going up recently. ▶ そんなわけで最近，石油の価格が上がっている。

Unit 65の復習テスト解答 1268 take off　1285 try my best　1269 take over　1275 the first time　1270 taken part in　1266 take after　1278 There is no doubt that　1283 Together with　1284 too to go　1279 These days　1273 Thanks to　1267 take care of　1271 took place　1272 tells a lie　1281 throw away　1276 The instant that　1277 the way　1280 This is because　1282 To begin with　1274 That's why

Unit 66の復習テスト

⇒忘れていた熟語は，別冊に書き込もう！

ID	訳文に合う英文になるように空欄に熟語を書こう
1295	Ladies and gentlemen, I (　　) (　　) you (　　) (　　) to my opinion. ▶ 皆さん，私の意見を皆さんに聞いていただきたいのですが。
1290	This train is too crowded. We had better (　　) (　　) the next one. ▶ この電車はとても混んでいる。次のを待つ方がよさそうだ。
1286	I'm afraid she will (　　) (　　) my request. ▶ 彼女が私の頼みを断るのではないかと心配している。
1291	Kim was so tired that she did not (　　) (　　) until noon. ▶ キムはとても疲れていたので，お昼まで目が覚めなかった。
1288	What the lawyer had told me finally (　　) (　　) (　　) (　　) false. ▶ 弁護士が私に言ったことは，結局うそであることが分かった。
1293	You must hand in your homework by Thursday (　　) (　　). ▶ あなたは木曜日までに必ず宿題を提出しなければならない。
1294	I am very lucky to have a chance to (　　) (　　) this company. ▶ 私はこの会社で働く機会を得てとても幸運だ。
1292	(　　) you succeed (　　) (　　), trying your best is important. ▶ 成功しようとしまいと，全力を尽くすことが大切だ。
1289	There (　　) (　　) (　　) a big cherry tree in the garden. ▶ かつては庭に大きな桜の木があった。
1287	It's getting dark. Would you (　　) (　　) the light? ▶ 暗くなってきました。電気をつけてくれますか。

Unit 66の復習テスト解答 1295 would like to listen 1290 wait for 1286 turn down 1291 wake up 1288 turned out to be 1293 without fail 1294 work for 1292 Whether or not 1289 used to be 1287 turn on

熟語編

でる度 B よくでる重要熟語

205

Unit 67
～
Unit 76

書いて記憶

学習日 月 日

熟語	1回目	2回目	意味
1296 *A* and so on [forth]			A など
1297 a bunch of ～			一束の～，一房の～
1298 a great [good] deal of ～			大量の～
1299 above all			何よりもまず，とりわけ
1300 across from ～			～の真向かいに，～の向こう側に
1301 after all			結局（は）
1302 ahead of ～			～に先立って，～の前に
1303 all at once			突然に，不意に
1304 all of a sudden			突然に，不意に
1305 all the time			いつでも，その間ずっと

熟語	1回目	2回目	意味
1306 all (the) year round [around]			1年中
1307 apart from ～			～は別にして
1308 as ～ as ever			相変わらず～
1309 as far as I know, ...			私の知っている限りでは，…
1310 as long as ...			…する限り
1311 as well			もまた
1312 at (the) most			せいぜい，最大でも
1313 be about to *do*			まさに～するところである
1314 be at a loss			途方に暮れる
1315 be aware of ～			～に気づいている

書いて記憶

学習日　　月　　日

熟語	1回目	2回目	意味
1316 be busy *doing*			～するのに忙しい
1317 be certain to *do*			確かに～する
1318 be connected with ～			～と関係がある
1319 be disappointed with [at] ～			～にがっかりする
1320 be expected to *do*			～するよう期待される，～するものとされる
1321 be forced to *do*			～するように強いられる
1322 be impressed with ～			～に感銘を受ける
1323 be in contact with ～			～と連絡を取っている，～と接触している
1324 be in danger			危険にさらされている
1325 be in full bloom			満開である

熟語	1回目	2回目	意味
1326 be in (the) hospital			入院している
1327 be in trouble			困っている
1328 be [get] injured			けがをする
1329 be involved in [with] ～			～に夢中である，～に関わっている
1330 be on a diet			ダイエットをしている
1331 be related to ～			～に関係がある
1332 be short of ～			～が不足している
1333 be sure of [about] ～			～を確信している
1334 be sure to *do*			必ず～する
1335 be unable to *do*			～することができない

Unit 67の復習テスト ⇒忘れていた熟語は，別冊に書き込もう！

ID	訳文に合う英文になるように空欄に熟語を書こう
1300	The CD shop is just (　　) (　　) the hospital. ▶ その CD ショップは病院の**ちょうど真向かいに**ある。
1308	It appears the villagers are (　　) poor (　　) (　　). ▶ 村人たちは**相変わらず**貧しそうだ。
1296	She told her son to buy notebooks, pencils, erasers, (　　) (　　) (　　). ▶ 彼女は息子にノートや鉛筆，消しゴム**など**を買うように言った。
1309	(　　) (　　) (　　) (　　) (　　), he lives near the center. ▶ **私の知っている限りでは**，彼は中心街の近くに住んでいる。
1301	I tried to pass the driver's license test many times, but failed (　　) (　　). ▶ 私は何度も運転免許の試験に挑戦したが，**結局**，だめだった。
1310	Any book will do (　　) (　　) (　　) it is interesting. ▶ 面白**ければ**，どんな本でもよい。
1304	(　　) (　　) (　　) (　　) a fire broke out in the movie theater. ▶ **突然**，映画館で火事が起きた。
1314	When I first went to Paris, I (　　) (　　) (　　) (　　) what to do. ▶ 初めてパリに行ったとき，私は何をしたらよいか**途方に暮れた**。
1302	George graduated from college two years (　　) (　　) me. ▶ ジョージは私**より** 2 年**先に**大学を卒業した。
1306	The house where the writer was born is open to the public (　　) (　　) (　　) (　　). ▶ その作家の生家は **1 年中**，一般公開されている。
1313	Anne (　　) (　　) (　　) (　　) the house when the phone began ringing. ▶ 電話が鳴り始めたとき，アンは**ちょうど外出するところだった**。
1299	When you make a calculation, (　　) (　　), accuracy is important. ▶ 計算をする際には，**何よりもまず**正確さが大切だ。
1303	(　　) (　　) (　　) the wind began to blow very hard. ▶ **突然**，風がとても激しく吹き始めた。
1297	I would prefer (　　) (　　) (　　) bananas to (　　) (　　) (　　) flowers. ▶ 私は花**束**よりも**一房の**バナナの方がよい。
1305	Now Kathy enjoys Japanese food (　　) (　　) (　　). ▶ 今やキャシーは**いつも**日本食を楽しんで食べている。
1307	(　　) (　　) some grammatical mistakes, his composition was excellent. ▶ 2，3の文法的な誤り**は別にして**，彼の作文は素晴らしかった。
1311	There are such search-and-rescue teams in Japan (　　) (　　). ▶ 日本に**もまた**そのような捜索救助隊はある。
1298	He needed (　　) (　　) (　　) (　　) money to buy that new car. ▶ 彼はその新車を買うために**多額の**お金を必要とした。
1315	A lot of people (　　) (　　) (　　) the need for recycling. ▶ 多くの人々がリサイクルの必要性**に気づいている**。
1312	If you buy the computer from that store, it will cost $500 (　　) (　　) (　　). ▶ そのコンピューターはあの店で買えば，**せいぜい** 500 ドルだろう。

Unit 67の復習テスト解答 1300 across from 1308 as as ever 1296 and so on 1309 As far as I know 1301 after all 1310 as long as 1304 All of a sudden 1314 was at a loss 1302 ahead of 1306 all the year round 1313 was about to leave 1299 above all 1303 All at once 1297 a bunch of a bunch of 1305 all the time 1307 Apart from 1311 as well 1298 a great deal of 1315 are aware of 1312 at the most

書いて記憶

学習日　　月　　日

熟語	1回目	2回目	意味
1336 be worth *doing*			～する価値がある
1337 before long			間もなく
1338 behave *oneself*			行儀よくする
1339 break out			（戦争・災害などが）勃発する
1340 bring up ～			～を育てる
1341 by far			（最上級を強めて）断然
1342 by sea			船で
1343 by the time ...			…するときまでに
1344 by turns			交代で
1345 call for ～			（物が）～を必要とする，～を要求する
1346 change *A* into *B*			A を B に変える
1347 change *one's* mind			考えを変える
1348 check in			チェックインする
1349 cheer *A* up			A を元気づける
1350 come close to ～			危うく～しそうになる
1351 come to *do*			～するようになる
1352 come up to ～			～にやってくる，～に近づいてくる
1353 come up with ～			～を考え出す
1354 compare *A* with *B*			A を B と比較する
1355 decide on ～			～に決める

Unit 68の復習テスト

⇒忘れていた熟語は，別冊に書き込もう！

ID	訳文に合う英文になるように空欄に熟語を書こう
1320	American students ( ) ( ) ( ) ( ) an active part in lessons. ▶アメリカの学生は授業に積極的に**参加することを求められる**。
1331	Some people think that humans ( ) more closely ( ) ( ) orangutans than to chimpanzees. ▶人はチンパンジーよりもオランウータン**と**近縁**関係にある**と考える人もいる。
1317	Please ( ) ( ) ( ) ( ) the dog twice a day while I'm away. ▶私の留守中は，**必ず**１日に２回，犬に**餌を与え**てください。
1316	At this time of the year the farmers ( ) ( ) ( ) in the fields. ▶１年の今ごろの時期は，農場主たちは畑**仕事に忙しい**。
1329	Takeo ( ) ( ) ( ) working out the mathematical problem. ▶タケオはその数学の問題を解くの**に熱中している**。
1324	The soldiers ( ) always ( ) ( ) of losing their lives. ▶兵士たちは常に命を落とす**危険にさらされていた**。
1322	Whenever I visited the island, I ( ) ( ) ( ) the beauty of its nature. ▶その島を訪れるたびに，私は自然の美しさ**に感銘を受けた**。
1332	My mother wanted to make pancakes, but she ( ) ( ) ( ) flour. ▶母はパンケーキを作りたかったが，小麦粉**が足りなかった**。
1328	Quite a few passengers ( ) ( ) in the accident. ▶かなり多くの乗客がその事故で**けがをした**。
1334	After using the dictionaries, please ( ) ( ) ( ) ( ) them back where they were. ▶辞書を使い終わったら，**必ず**それら**を**元あった場所に**戻し**てください。
1318	The spread of the disease might ( ) ( ) ( ) eating beef. ▶その病気のまん延は牛肉を食べること**と関係がある**かもしれない。
1325	This week the cherry blossoms in the park ( ) ( ) ( ) ( ). ▶今週は公園の桜が**満開である**。
1330	Sally has ( ) ( ) ( ) ( ) since last month. ▶サリーは先月からずっと**ダイエットをしている**。
1323	Have you ( ) ( ) ( ) ( ) Mr. White recently? ▶最近，ホワイトさん**と連絡を取ってい**ますか。
1326	Sue ( ) ( ) ( ) ( ) with a broken leg. ▶スーは足の骨折で**入院している**。
1327	Just remember that I'll always stand by you if you ( ) ( ) ( ). ▶あなたが**困っている**場合は，いつも私があなたの力になるということをぜひ頭に入れておきなさい。
1333	All of us ( ) ( ) ( ) your success. ▶私たちはみんな，あなたの成功**を確信していた**。
1321	I'm not sure why they ( ) ( ) ( ) ( ) the restaurant. ▶私は，どうして彼らがレストラン**を閉店せざるを得なかった**のか，よく知らない。
1319	Bob ( ) ( ) ( ) the result of his mathematics test. ▶ボブは数学のテストの結果**にがっかりした**。
1335	Paul ( ) ( ) ( ) ( ) tennis over the next few weeks. ▶ポールはこれから２，３週間はテニス**をすることができない**。

Unit 68の復習テスト解答 1320 are expected to take 1331 are related to 1317 be certain to feed 1316 are busy working 1329 is involved in 1324 were in danger 1322 was impressed with 1332 was short of 1328 were injured 1334 be sure to put 1318 be connected with 1325 are in full bloom 1330 been on a diet 1323 been in contact with 1326 is in the hospital 1327 are in trouble 1333 were sure of 1321 were forced to close 1319 was disappointed with 1335 is unable to play

書いて記憶

学習日　　月　　日

熟語	1回目	2回目	意味
1356 depend on [upon] ～			～次第である，～に依存する
1357 do *A* harm			A に害を及ぼす
1358 drop in at [on] ～			～に立ち寄る
1359 due to ～			～が原因で
1360 eat out			外食する
1361 end up *doing* [with ～]			結局～して［で］終わる
1362 exchange *A* for *B*			A を B と両替［交換］する
1363 feel like *doing*			～したい気がする
1364 figure out ～			～を計算する
1365 fill out [in] ～			～に書き込む
1366 For one thing, ...			1つには，…
1367 for short			略して，短く言って
1368 for sure			確かに
1369 from now on			今後ずっと
1370 from time to time			時々
1371 get out of ～			～から出る
1372 get over ～			（困難・病気など）を克服する
1373 get rid of ～			～を取り除く
1374 hang up			電話を切る
1375 happen to *do*			たまたま～する

Unit 69の復習テスト ⇒忘れていた熟語は，別冊に書き込もう！

ID	訳文に合う英文になるように空欄に熟語を書こう
1342	Since we couldn't get a plane ticket, we decided to go (　　) (　　). ▶ 飛行機の切符が取れなかったので，私たちは**船で**行くことにした。
1337	Daniel will come back to Japan (　　) (　　). ▶ ダニエルは**間もなく**日本に戻ってくるだろう。
1349	One glance at her son's face (　　) her (　　) again. ▶ 息子の顔を一目見ると，彼女は再び**元気になった**。
1336	Bali (　　) (　　) (　　) once because you can see the amazing sunset. ▶ 素晴らしい夕日を見ることができるので，バリ島は一度**訪れる価値がある**。
1340	She was born and (　　) (　　) in Yokohama. ▶ 彼女は横浜で生まれ**育った**。
1347	He (　　) (　　) (　　) after all. ▶ 彼は結局，**考えを変えた**。
1355	We have (　　) (　　) leaving this town tomorrow morning. ▶ 私たちは，明日の朝この町を去ること**に決めた**。
1343	(　　) (　　) (　　) she arrived, we had finished cleaning. ▶ 彼女が到着する**までに**，私たちは掃除を終えていた。
1352	He (　　) (　　) (　　) me and asked my name. ▶ 彼は私のところ**にやってき**て，私の名前を聞いた。
1354	The police (　　) his handwriting (　　) that of his brother's. ▶ 警察は彼の筆跡**を**彼の兄［弟］のそれ**と比べた**。
1348	We (　　) (　　) at the hotel in front of the museum. ▶ 私たちは美術館前のホテルに**チェックインした**。
1353	Children sometimes (　　) (　　) (　　) funny ideas and surprise their parents. ▶ 子どもたちは時々おかしな考え**を思いつき**，親たちを驚かせることがある。
1346	They (　　) the old house (　　) a pub. ▶ 彼らは古い家**を**パブ**に変えた**。
1345	This new project will (　　) (　　) lots of voluntary work. ▶ この新しい企画は多くのボランティア労働力**を必要とする**だろう。
1341	Soccer is (　　) (　　) the most popular sport in the world. ▶ サッカーは世界中で**断然**一番人気のあるスポーツだ。
1344	On the drive to San Francisco, they took the wheel (　　) (　　). ▶ サンフランシスコへのドライブ中，彼らは**交代で**ハンドルを握った。
1350	When she heard the news, she (　　) (　　) (　　) tears. ▶ そのニュースを聞いて，彼女は**今にも**泣き**そうになった**。
1351	In time, you may (　　) (　　) (　　) your new school. ▶ そのうちに新しい学校**を好きになる**かもしれませんよ。
1338	(　　) (　　), Steve, or Mother will get angry. ▶ スティーブ，**行儀よくしなさい**。さもないと，お母さんが怒ってしまうよ。
1339	The news that a war had (　　) (　　) soon spread throughout the world. ▶ 戦争が**勃発し**たというニュースはたちまち世界中に伝わった。

Unit 69の復習テスト解答 1342 by sea　1337 before long　1349 cheered up　1336 is worth visiting　1340 brought up　1347 changed his mind　1355 decided on　1343 By the time　1352 came up to　1354 compared with　1348 checked in　1353 come up with　1346 changed into　1345 call for　1341 by far　1344 by turns　1350 came close to　1351 come to like　1338 Behave yourself　1339 broken out

書いて記憶

学習日　　月　　日

熟語	1回目	2回目	意味
1376 have *A* in mind			A を考えている
1377 have a sore throat			のどが痛む
1378 have nothing to do with ～			～と全く関係がない
1379 have trouble *doing*			～するのに苦労する
1380 head for ～			～へ向かう
1381 hope for ～			～を願う
1382 If only ...			(仮定法で) …でさえあればなあ。
1383 in a hurry			急いで
1384 in a [one] sense			ある意味では
1385 in charge of ～			～を担当[管理，世話，監督]して
1386 in conclusion			結論として，最後に
1387 in detail			詳細に
1388 in general			一般に
1389 in line			一直線に，整列して
1390 in *one's* thirties [forties, ...]			30代[40代，…]で
1391 in other words			言い換えれば
1392 in pairs			2つ[2人，2匹]1組になって
1393 in place of ～			～の代わりに
1394 in practice			実際のところは
1395 in reality			(外見などに反して)実際は

Unit 70の復習テスト ⇒忘れていた熟語は，別冊に書き込もう！

ID	訳文に合う英文になるように空欄に熟語を書こう
1358	Let's (　　　　) (　　　　) (　　　　) the new art exhibit at the gallery before we go to dinner. ▶ 夕食を食べに行く前に，美術館でやっている新しい美術展**に立ち寄っ**てみよう。
1362	I'm going to Hawaii next week, so I have to go and (　　　　) some yen (　　　　) dollars at the bank. ▶ 私は来週ハワイに行くので，銀行に行って円**を**ドル**に両替してもらわ**なければならない。
1364	We have to (　　　　) (　　　　) the cost. ▶ 私たちは費用**を計算し**なければならない。
1361	We were planning to go to the cinema last night, but we (　　　　) (　　　　) (　　　　) a movie at home instead. ▶ 昨夜私たちは映画に行く予定だったが，**結局**代わりに家で映画**を見た**。
1373	Once you start smoking, it is difficult to (　　　　) (　　　　) (　　　　) that bad habit. ▶ いったん喫煙を始めると，その悪癖**を取り除く**のは難しい。
1370	My daughter came to see me (　　　　) (　　　　) (　　　　) (　　　　). ▶ 娘は**時々**私に会いに来てくれた。
1360	I usually make dinner for myself at home, but once in a while I like to (　　　　) (　　　　) at a restaurant. ▶ 私はたいてい家で自分で夕食を作るが，たまにはレストランで**外食する**のも好きだ。
1372	How did he (　　　　) (　　　　) his financial difficulties? ▶ どのように彼は財政難**を乗り越え**たのか。
1369	(　　　　) (　　　　) (　　　　), you mustn't use this PC without permission. ▶ **今後**，あなたはこのパソコンを許可なしに使ってはいけない。
1366	There are many merits here. (　　　　) (　　　　) (　　　　), the air is clean. ▶ 当地にはたくさんの長所がある。**1つには**，空気がきれいだということだ。
1357	Don't worry about my dog. He won't (　　　　) you any (　　　　). ▶ 私の犬のことは心配しないで。あなた**に**何も**危害を加え**ないから。
1374	The operator told me to (　　　　) (　　　　) and wait for a moment. ▶ オペレーターは私に**電話を切っ**て少し待つように言った。
1367	The Automatic Teller Machine is called ATM (　　　　) (　　　　). ▶ 自動現金預払機は**略して** ATM と呼ばれている。
1363	I'm sorry, but I don't (　　　　) much (　　　　) (　　　　) right now. ▶ 悪いけど，今はあまり**話をしたい気分で**はないんだ。
1359	Some low-income families will receive more money (　　　　) (　　　　) the changes in the law. ▶ 低所得の家庭の中には法律の変更**によって**もっと多くのお金を受け取る家庭もあるだろう。
1365	Please (　　　　) (　　　　) this application form. ▶ この申込書**に記入して**ください。
1375	I (　　　　) (　　　　) (　　　　) the news of his death on my way home. ▶ 私は家に帰る途中，彼が死亡したというニュースを**たまたま耳にした**。
1356	Our success (　　　　) (　　　　) whether you will help us or not. ▶ 私たちの成功は，あなたが私たちを援助してくれるかどうか**にかかっている**。
1368	He will help you (　　　　) (　　　　) whenever you are in trouble. ▶ あなたが困っているときはいつでも，彼は**きっと**助けてくれるだろう。
1371	Jenny wanted to (　　　　) (　　　　) (　　　　) the pool as quickly as possible. ▶ ジェニーはできるだけ急いでそのプール**から出**たかった。

Unit 70の復習テスト解答 1358 drop in at　1362 exchange for　1364 figure out　1361 ended up watching　1373 get rid of　1370 from time to time　1360 eat out　1372 get over　1369 From now on　1366 For one thing　1357 do harm　1374 hang up　1367 for short　1363 feel like talking　1359 due to　1365 fill out　1375 happened to hear　1356 depends on　1368 for sure　1371 get out of

書いて記憶

学習日　　月　　日

熟語	1回目	2回目	意味
1396 in the distance			遠方に
1397 in the end			最後には，結局
1398 in the first place			まず第一に
1399 in the short run			差し当たっては，短期的に見ると
1400 in turn			順番に
1401 It is no use *doing*			～しても無駄である
1402 It is not until ～ that ...			～になって初めて…する
1403 (just) in case			万一に備えて
1404 keep away from ～			～に近づかない
1405 keep in touch with ～			～との連絡を保つ

熟語	1回目	2回目	意味
1406 keep *one's* promise [word]			約束を守る
1407 lead *A* to *B*			A を B に至らせる，A を B に導く
1408 lead to ～			～に発展する，～に至る
1409 leave *A* alone			A を放っておく
1410 look down on ～			～を見下す
1411 look into ～			～を調べる
1412 look out			用心する
1413 look over [through] ～			～に目を通す
1414 look up to ～			～を尊敬する
1415 lose *one's* way			道に迷う

Unit 71の復習テスト ⇒忘れていた熟語は，別冊に書き込もう！

ID	訳文に合う英文になるように空欄に熟語を書こう
1385	Ms. Thompson is (　　　) (　　　) (　　　) our class. ▶ トンプソン先生が私たちのクラスの担任だ。
1379	Returnees (　　　) (　　　) (　　　) used to life in Japan. ▶ 帰国者たちは日本の生活に慣れるのに苦労している。
1395	John is brave in appearance, but is (　　　) (　　　) a coward. ▶ ジョンは見たところ勇敢そうだが，実際は臆病者だ。
1390	Margaret had her baby (　　　) (　　　) late (　　　). ▶ マーガレットは30代後半で赤ちゃんを産んだ。
1391	Flowers have some mysterious way of keeping time. They have, (　　　) (　　　) (　　　), a kind of "biological clock." ▶ 花は時間を計る不思議な方法を持っている。言い換えると，一種の「体内時計」を持っているのだ。
1376	How about telling me what you (　　　) (　　　) (　　　)? ▶ 何を考えているのか私に話してみませんか。
1378	Paul (　　　) (　　　) (　　　) (　　　) (　　　) the case. ▶ ポールは事件とは全く関係なかった。
1386	(　　　) (　　　), I would like to say it is impossible to carry out this plan. ▶ 結論として，この計画を実行するのは不可能であると私は言いたい。
1389	We were made to stand (　　　) (　　　). ▶ 私たちは１列に並ばされた。
1383	My sister dressed herself for the party (　　　) (　　　) (　　　). ▶ 姉［妹］は急いでパーティー用の服に着替えた。
1393	He attended the meeting (　　　) (　　　) (　　　) his boss. ▶ 彼は上司の代わりに会議に出席した。
1394	(　　　) (　　　) it is not easy to find a perfect hospital. ▶ 実際のところ，完璧な病院を見つけることは容易ではない。
1377	I (　　　) (　　　) (　　　) (　　　) and a slight headache. ▶ のどが痛くて，少し頭痛がする。
1380	We have to (　　　) (　　　) the Sapporo branch just after the meeting ends. ▶ 私たちは会議が終わったらすぐ，札幌支店に向かわなければならない。
1387	The pilot described the scene (　　　) (　　　). ▶ パイロットはその光景を詳細に述べた。
1381	We sincerely (　　　) (　　　) his safe return. ▶ 私たちは彼の無事の帰還を心から願っている。
1384	What you said is right (　　　) (　　　) (　　　), but it made him angry. ▶ あなたの言ったことはある意味では正しいが，そのことで彼を怒らせてしまった。
1392	Shoes, socks, and gloves are sold (　　　) (　　　). ▶ 靴，靴下，手袋は２つ１組で売られている。
1382	(　　　) (　　　) I didn't have an exam tomorrow. ▶ 明日，テストがありさえしなければなあ。
1388	(　　　) (　　　), communication between doctors and their patients is the most important part of medical treatment. ▶ 一般に，医者と患者との間の意思の疎通は医療の最も大切な部分である。

Unit 71の復習テスト解答 1385 in charge of　1379 have trouble getting　1395 in reality　1390 in her thirties　1391 in other words　1376 have in mind　1378 had nothing to do with　1386 In conclusion　1389 in line　1383 in a hurry　1393 in place of　1394 In practice　1377 have a sore throat　1380 head for　1387 in detail　1381 hope for　1384 in a sense　1392 in pairs　1382 If only　1388 In general

書いて記憶

学習日　　月　　日

熟語	1回目	2回目	意味
1416 make a difference			違いをもたらす
1417 make a reservation			予約する
1418 make a speech			演説をする
1419 make an appointment with ～			～の予約をする
1420 make effort(s)			努力する
1421 make it			うまくいく，(乗り物などに)間に合う
1422 make *one's* way to ～			～へ進む
1423 make progress			進歩する
1424 make sense			意味をなす
1425 make the most of ～			～を最大限に活用する
1426 make up for ～			～の埋め合わせをする
1427 make use of ～			～を利用する
1428 mean to *do*			～するつもりである
1429 more or less			多かれ少なかれ
1430 never fail to *do*			必ず～する
1431 no more than ～			～しか，～にすぎない
1432 not *A* but *B*			A ではなく B
1433 not so much *A* as *B*			A というよりはむしろ B
1434 nothing but ～			ただ～だけ，～にすぎない
1435 now (that) ...			今や…なので

Unit 72の復習テスト ⇒忘れていた熟語は，別冊に書き込もう！

ID	訳文に合う英文になるように空欄に熟語を書こう
1401	(　　　) (　　　) (　　　) (　　　) (　　　) about the weather. ▶ 天気について**愚痴をこぼしても無駄だ**。
1398	(　　　) (　　　) (　　　) (　　　), we must be careful about what we eat and drink. ▶ **まず第一に**，飲食物に注意しなければならない。
1412	(　　　) (　　　)! There's a truck coming! ▶ **気をつけて**！　トラックが来るぞ！
1408	Drinking too much coffee may (　　　) (　　　) a headache or something like that. ▶ コーヒーの飲み過ぎが，頭痛など**につながる**こともあり得る。
1400	You are supposed to introduce yourselves (　　　) (　　　). ▶ あなた方は**順番に**自己紹介をすることになっている。
1406	No matter what may happen, I will (　　　) (　　　) (　　　). ▶ どんなことが起きようとも，私は**約束を守る**つもりだ。
1405	How is Jane doing in Paris? Do you (　　　) (　　　) (　　　) (　　　) her? ▶ ジェーンはパリでどうしていますか。彼女**とずっと連絡を取ってい**ますか。
1404	You should (　　　) (　　　) (　　　) bad company. ▶ 悪友は**避ける**べきだ。
1396	I saw a flash of lightning (　　　) (　　　) (　　　). ▶ **遠方に**稲妻が光るのが見えた。
1397	My brother tried many times to pass the examination, and (　　　) (　　　) (　　　), he succeeded. ▶ 兄[弟]は何度も試験に挑戦して，**最後には**合格した。
1407	I was (　　　) (　　　) the conclusion that we had made a fatal mistake. ▶ 私は，私たちが致命的な誤りを犯したという結論**に至っ**た。
1410	We should not (　　　) (　　　) (　　　) poor people. ▶ 私たちは貧しい人々**を見下し**てはいけない。
1399	We can manage without a printer (　　　) (　　　) (　　　) (　　　), but we'll eventually have to buy one. ▶ **差し当たっては**プリンターなしでも何とかやっていけるが，いずれは買わなくてはならないだろう。
1411	The police started to (　　　) (　　　) the murder case. ▶ 警察がその殺人事件**を調べ**始めた。
1402	(　　　) (　　　) (　　　) (　　　) last summer (　　　) my oldest son learned to swim. ▶ 去年の夏**にようやく**私の長男は泳げる**ようにな**った。
1413	It will take me more than three hours to (　　　) (　　　) the document. ▶ 私がその書類**に目を通す**のに３時間以上かかるだろう。
1403	I'll let you know my phone number (　　　) (　　　) (　　　). ▶ **万一に備えて**，君に僕の電話番号を教えておきます。
1409	I don't want to hear anything from you. Go away and (　　　) me (　　　). ▶ あなたからは何も聞きたくないわ。あっちに行って私を**１人にさせて**。
1415	If it had not been for the map, I would have (　　　) (　　　) (　　　). ▶ もし地図がなかったら，私は**道に迷っ**てしまっただろう。
1414	They (　　　) (　　　) (　　　) Mr. Smith as a leader. ▶ 彼らはスミス氏**を**指導者として**尊敬している**。

Unit 72の復習テスト解答　1401 It is no use complaining　1398 In the first place　1412 Look out　1408 lead to　1400 in turn　1406 keep my promise　1405 keep in touch with　1404 keep away from　1396 in the distance　1397 in the end　1407 led to　1410 look down on　1399 in the short run　1411 look into　1402 It was not until that　1413 look over　1403 just in case　1409 leave alone　1415 lost my way　1414 look up to

書いて記憶

学習日　　月　　日

熟語	1回目	2回目	意味
1436 of *one's* own			自分自身の
1437 on earth			(疑問詞を強めて)一体全体
1438 on *one's* own			自身の力で
1439 on schedule			予定どおりに
1440 on the other hand			一方では
1441 on the point of *doing*			まさに～しようとして
1442 one after another			次々に
1443 one another			お互い
1444 one by one			1つずつ，1人ずつ
1445 out of date			時代遅れの[で]
1446 out of order			故障して
1447 over (a cup of) coffee [tea]			コーヒー[お茶]を飲みながら
1448 over and over (again)			何度も
1449 pass by ～			～のそばを通る
1450 pay attention to ～			～に注意する
1451 prevent [keep] *A* from *doing*			A が～するのを妨げる
1452 put *A* into practice			A を実行に移す
1453 put up with ～			～を我慢する
1454 reach out for ～			～を取ろうと手を伸ばす
1455 regard *A* as *B*			A を B と見なす

Unit 73の復習テスト

⇒忘れていた熟語は，別冊に書き込もう！

ID	訳文に合う英文になるように空欄に熟語を書こう
1430	Karen (　　) (　　) (　　) (　　) to her grandmother once a month. ▶ カレンは月に一度，**必ず**祖母に**手紙を書く**。
1432	Mr. Suzuki is (　　) a dentist (　　) a physician. ▶ スズキさんは歯科医**ではなく**，内科医だ。
1416	I don't think it (　　) (　　) (　　) which swimming club I join. ▶ 私がどの水泳クラブに入ろうと，**違いがある**とは思わない。
1431	I can pay (　　) (　　) (　　) $50 a week for rent. ▶ 私は家賃として週に50ドル**しか**払えない。
1428	I'm sorry. I didn't (　　) (　　) (　　) you. ▶ ごめんなさい。あなた**を傷つけるつもりはありま**せんでした。
1424	Explain it to me once more, Jerry. What you said doesn't (　　) (　　). ▶ ジェリー，私にもう一度それを説明してごらん。あなたの言ったことは**つじつまが合ってい**ない。
1423	Yumiko is (　　) steady (　　) in speaking English. ▶ ユミコの英会話力は着実に**進歩し**ている。
1426	What can we do to (　　) (　　) (　　) power shortages? ▶ 電力不足**を補う**ために何ができるだろうか。
1419	I (　　) (　　) (　　) (　　) the dentist at 1:30. ▶ 私は1時半に歯医者**の予約を取った**。
1433	Mr. Phillips is (　　) (　　) (　　) a teacher (　　) a novelist. ▶ フィリップス先生は教師**というよりは**小説家だ。
1425	It's such beautiful weather, let's (　　) (　　) (　　) (　　) it and go swimming. ▶ とても良い天気なので，これ**を最大限に生かし**て泳ぎに行こう。
1417	I'd like to (　　) (　　) (　　) for two people at six tonight. ▶ 今晩6時に2人分の**予約をし**たいのですが。
1434	He did (　　) (　　) complain about his job. ▶ 彼は自分の仕事に**ただ**不満を言う**だけ**だった。
1422	I (　　) (　　) (　　) (　　) the luggage office to collect the suitcase I had left there. ▶ 私は預けたスーツケースを取りに手荷物保管所**へと向かった**。
1427	I (　　) (　　) (　　) every opportunity to improve my English. ▶ 私はあらゆる機会**を利用して**英語の上達を図った。
1421	Don't worry. You'll (　　) (　　). ▶ 心配しないで。**うまくいくよ**。
1435	(　　) (　　) we are all here, we can start the farewell party. ▶ みんながそろった**ので**，送別会を始められる。
1420	All participants (　　) great (　　) in the Olympics. ▶ オリンピックでは出場者全員が懸命に**努力した**。
1429	We were (　　) (　　) (　　) disappointed about the election results. ▶ 私たちは**多かれ少なかれ**選挙の結果に失望した。
1418	It's not easy to (　　) (　　) (　　) in front of many people. ▶ 大勢の前で**演説をする**のは簡単ではない。

Unit 73の復習テスト解答 1430 never fails to write 1432 not but 1416 makes a difference 1431 no more than 1428 mean to hurt 1424 make sense 1423 making progress 1426 make up for 1419 made an appointment with 1433 not so much as 1425 make the most of 1417 make a reservation 1434 nothing but 1422 made my way to 1427 made use of 1421 make it 1435 Now that 1420 made efforts 1429 more or less 1418 make a speech

書いて記憶

学習日　　月　　日

熟語	1回目	2回目	意味
1456 regardless of ～			～にかかわらず
1457 remind *A* of *B*			A に B を思い出させる
1458 result from ～			～の結果として起こる
1459 result in ～			結局～に終わる
1460 run after ～			～を追いかける
1461 run out of ～			～がなくなる
1462 see *A* off			A を見送る
1463 see (to it) that ...			必ず…するように取り計らう
1464 separate *A* from *B*			A を B から分離する
1465 set up ～			～を設立する，～を立てる

熟語	1回目	2回目	意味
1466 shake hands			握手をする
1467 side by side			並んで
1468 some *A*, others *B*			A もいれば B もいる
1469 speaking [talking] of ～			～と言えば
1470 stand for ～			(頭文字などが) ～を表す
1471 stand out			目立つ
1472 start up ～			～を起動させる
1473 start with ～			～で始まる
1474 stop by ～			～に立ち寄る
1475 take a break [rest]			休憩する

Unit 74の復習テスト ⇒忘れていた熟語は，別冊に書き込もう！

ID	訳文に合う英文になるように空欄に熟語を書こう
1454	Jack ( ) ( ) ( ) the magazine on the shelf. ▶ ジャックは棚の上の雑誌**を取ろうと手を伸ばした**。
1436	When I was fifteen, I got a room ( ) ( ) ( ). ▶ 15歳のとき，私は**自分の**部屋を持った。
1448	The woman kept asking me the same question ( ) ( ) ( ) ( ). ▶ その女性は私に**何度も**同じ質問をし続けた。
1445	This type of hat will be ( ) ( ) ( ) soon. ▶ このような帽子はすぐ**時代遅れに**なるだろう。
1437	Why ( ) ( ) did you make such a mistake? ▶ **一体全体**あなたはどうしてそんな失敗をしたのですか。
1450	First of all, you should ( ) ( ) ( ) the speed limit. ▶ 何よりもまず，あなたは制限速度**に注意す**べきだ。
1446	Since the elevator was ( ) ( ) ( ), we had to walk up to the tenth floor. ▶ エレベーターが**故障して**いたので，私たちは10階まで歩いて上がらなければならなかった。
1441	I was ( ) ( ) ( ) ( ) ( ) out when the telephone rang. ▶ **まさに外出しようとして**いたときに電話が鳴った。
1447	Jim and Nancy are talking ( ) ( ) ( ) ( ) ( ) in the cafeteria. ▶ ジムとナンシーはカフェテリアで**コーヒーを飲みながら**話をしている。
1442	I saw the boys come out of the room ( ) ( ) ( ). ▶ 私は少年たちが**次々に**部屋から出てくるのを見た。
1451	The heavy snow ( ) us ( ) ( ) ( ) to the concert. ▶ 大雪のため，私たちはコンサートに**行くことができなかった**。
1444	I checked all the messages ( ) ( ) ( ), but I couldn't find hers. ▶ すべてのメッセージを**1つ1つ**確認したが，彼女のは見つけられなかった。
1453	It's freezing in this room, Cindy. I can't ( ) ( ) ( ) this cold. ▶ シンディ，この部屋にいると凍えそうだ。この寒さ**には耐え**られないよ。
1452	It may be too early for us to ( ) the idea ( ) ( ). ▶ 私たちがその考え**を実行に移す**のはまだ早過ぎるかもしれない。
1438	I can't carry this bag ( ) ( ) ( ). It's too heavy. ▶ 私はこの袋を**自力では**持ち運べない。重過ぎる。
1443	We discussed the plan with ( ) ( ) for two hours, but we didn't come to a conclusion. ▶ 私たちは**お互い**その計画について2時間話し合ったが，結論は出なかった。
1455	He is ( ) ( ) a great statesman. ▶ 彼は偉大な政治家**と見なさ**れている。
1439	Don't worry. The bridge will be completed ( ) ( ). ▶ 心配しないでください。その橋は**予定どおりに**完成するでしょう。
1440	During the summer the weather is hot and humid. Winter, ( ) ( ) ( ) ( ), is almost completely cold and dry. ▶ 夏の間，暑くじめじめした天候が続く。**一方**，冬はとても寒く乾燥している。
1449	When I ( ) ( ) the restaurant, I noticed that it would be closing at the end of the month. ▶ そのレストラン**のそばを通った**とき，月末に閉店することに気づいた。

Unit 74の復習テスト解答 1454 reached out for 1436 of my own 1448 over and over again 1445 out of date 1437 on earth 1450 pay attention to 1446 out of order 1441 on the point of going 1447 over a cup of coffee 1442 one after another 1451 prevented from going 1444 one by one 1453 put up with 1452 put into practice 1438 on my own 1443 one another 1455 regarded as 1439 on schedule 1440 on the other hand 1449 passed by

171

書いて記憶

学習日　　月　　日

熟語	1回目	2回目	意味
1476 take a deep breath			深呼吸をする
1477 take [mistake] *A* for *B*			A を B と間違える
1478 take *A* into account			A を考慮に入れる
1479 take a nap			昼寝をする
1480 take advantage of ～			～を利用する
1481 take in ～			～を取り入れる
1482 take the place of ～			～の代わりをする
1483 tell *A* from *B*			A と B を見分ける
1484 That's how ...			そのようにして…。
1485 the same *A* as *B*			B と同じ A

熟語	1回目	2回目	意味
1486 think of *A* as *B*			A を B と考える
1487 think over ～			～をじっくり考える
1488 to be honest with you			正直なところ
1489 to be sure			確かに
1490 to *one's* surprise			驚いたことに
1491 to tell (you) the truth			実を言えば
1492 translate [put] *A* into *B*			A を B に翻訳する
1493 turn *A* into *B*			A を B に変える
1494 turn off ～			(テレビ・明かりなど)を消す，(水など)を止める
1495 upside down			逆さまに

熟 語	1回目	2回目	意 味
1496 watch out for ～			～に用心する
1497 what is worse			さらに悪いことには
1498 with care			気をつけて
1499 with luck			運が良ければ
1500 would rather *A* than *B*			B よりむしろ A したい

Unit 75の復習テスト ⇒忘れていた熟語は，別冊に書き込もう！

ID	訳文に合う英文になるように空欄に熟語を書こう
1474	I'll (　　　) (　　　) your house on the way home. ▶ 僕は家に帰る途中で君の家に立ち寄ろう。
1459	I remember my father's plans usually (　　　) (　　　) failure. ▶ 私は父の計画がたいてい失敗に終わったことを覚えている。
1461	We are (　　　) (　　　) (　　　) gas. Let's stop by the gas station. ▶ ガソリンがなくなりそうだ。ガソリンスタンドに立ち寄ろう。
1457	Jack (　　　) me (　　　) a boy I met in India last year. ▶ ジャックは私に，昨年インドで会った少年を思い出させる。
1471	Turner (　　　) (　　　) among the painters of his time. ▶ ターナーは同時代の画家の中でも傑出している。
1464	I'll show you how to (　　　) the egg white (　　　) a yolk. ▶ 卵黄から卵白を分離する方法をあなたにお見せしましょう。
1463	(　　　) (　　　) (　　　) (　　　) dinner is ready by seven. ▶ 7時までに必ず夕食の準備をしておくようにしなさい。
1470	UN (　　　) (　　　) the United Nations. ▶ UN は国際連合を表す。
1472	Will you help me (　　　) (　　　) this computer? I don't know how to do it. ▶ このコンピューターを起動させるのを手伝ってくれませんか。やり方が分からないのです。
1469	(　　　) (　　　) PCs, what have you done with yours? ▶ パソコンと言えば，君のパソコンはどうしたの？
1468	(　　　) people respond quickly to treatment, while (　　　) require long-term therapy. ▶ 治療にすぐ反応する人もいれば，長期の治療が必要な人もいる。
1465	The Government has (　　　) (　　　) a committee to investigate the accident. ▶ 政府はその事故の調査委員会を設置した。
1456	When you run, you burn 100 calories per mile, (　　　) (　　　) whether you run fast or slow. ▶ 速く走るかゆっくり走るかにかかわらず，走れば，1マイルあたり100カロリー消費する。
1466	She was proud that she had (　　　) (　　　) with the President of the U.S. ▶ 彼女はアメリカ大統領と握手したことを自慢していた。
1460	The police officer (　　　) (　　　) the thief and finally caught him. ▶ 警官は泥棒を追いかけ，最後には捕まえた。
1458	His failure (　　　) (　　　) his carelessness. ▶ 彼の失敗は不注意によるものだった。
1475	Let's (　　　) (　　　) (　　　) for about 10 minutes and have a cup of coffee. ▶ 10分間ほど休憩して，コーヒーでも飲もう。
1473	The meeting (　　　) (　　　) the principal's speech as usual. ▶ その会議はいつものように校長の話で始まった。
1462	When Marie leaves Japan, I'm going to (　　　) her (　　　) at the airport. ▶ マリーが日本を離れるとき，私は空港で彼女を見送るつもりだ。
1467	We often sat (　　　) (　　　) (　　　) on a bench in the park and talked together for a long time. ▶ 私たちはよく公園のベンチに並んで座り，長い間語り合った。

Unit 75の復習テスト解答 1474 stop by　1459 resulted in　1461 running out of　1457 reminds of　1471 stands out　1464 separate from　1463 See to it that　1470 stands for　1472 start up　1469 Speaking of　1468 Some others　1465 set up　1456 regardless of　1466 shaken hands　1460 ran after　1458 resulted from　1475 take a break　1473 started with　1462 see off　1467 side by side

Unit 76の復習テスト① ⇒忘れていた熟語は，別冊に書き込もう！

ID	訳文に合う英文になるように空欄に熟語を書こう
1494	If you are the last person to leave the room, make sure you (　　　) (　　　) the lights. ▶もしあなたが最後に部屋を出るなら，必ず明かりを消してください。
1481	Will you (　　　) (　　　) the laundry when it starts to rain? ▶雨が降ってきたら洗濯物を取り込んでくれますか。
1490	(　　　) (　　　) (　　　), she was walking with bare feet. ▶驚いたことに，彼女は裸足で歩いていた。
1489	He is a very learned man, (　　　) (　　　) (　　　), but he has no heart. ▶確かに彼は非常に学識のある男だが，心が冷たい。
1495	Nobody noticed that the picture was hung (　　　) (　　　). ▶誰もその絵が逆さまにかかっていることに気づかなかった。
1484	(　　　) (　　　) he escaped being hurt in the accident. ▶そのようにして，彼は事故でけがをせずに済んだ。
1493	This booklet explains how to (　　　) seawater (　　　) drinking water. ▶この小冊子は，海水を飲用水に変える方法を説明している。
1483	Betty can't (　　　) right (　　　) wrong. ▶ベティは良いことと悪いことの見分けがつかない。
1486	Maybe many people (　　　) (　　　) taxi driving (　　　) a man's job. ▶たぶん，多くの人がタクシーの運転を男性の仕事と考えている。
1482	Computers are (　　　) (　　　) (　　　) (　　　) people in many fields. ▶多くの分野でコンピューターが人間の代わりを務めつつある。
1477	The old woman (　　　) me (　　　) her son. ▶その老婦人は私を彼女の息子と間違えた。
1491	(　　　) (　　　) (　　　) (　　　) (　　　), I have no money with me now. ▶実を言えば，私は今お金を持ち合わせていない。
1488	(　　　) (　　　) (　　　) (　　　) (　　　), I couldn't make myself understood in French. ▶正直なところ，私のフランス語は通じなかった。
1487	I gave him a lot of time to (　　　) (　　　) the matter. ▶私は彼にその件についてじっくり考える時間をたっぷり与えた。
1478	We must (　　　) our pet (　　　) (　　　) when we make a trip. ▶私たちは旅行する際には，ペットのことを考慮しなければならない。
1476	Don't panic. (　　　) (　　　) (　　　) (　　　) and calm down. ▶パニックにならないで。深呼吸して落ち着いてね。
1480	Let's (　　　) (　　　) (　　　) the vacation and go on a hike. ▶休暇を利用してハイキングに行こう。
1485	I graduated from college in (　　　) (　　　) year (　　　) your father. ▶私はあなたのお父さんと同じ年に大学を卒業した。
1492	I'd like you to (　　　) this book (　　　) English. ▶あなたにこの本を英語に翻訳してもらいたいのですが。
1479	(　　　) (　　　) (　　　) in the afternoon greatly increases one's ability to work. ▶午後に昼寝をすると，仕事をする能力が大いに高まる。

Unit 76の復習テスト①解答 1494 turn off 1481 take in 1490 To my surprise 1489 to be sure 1495 upside down 1484 That's how 1493 turn into 1483 tell from 1486 think of as 1482 taking the place of 1477 took for 1491 To tell you the truth 1488 To be honest with you 1487 think over 1478 take into account 1476 Take a deep breath 1480 take advantage of 1485 the same as 1492 translate into 1479 Taking a nap

Unit 76の復習テスト② ⇒忘れていた熟語は，別冊に書き込もう！

ID	訳文に合う英文になるように空欄に熟語を書こう
1498	You should write “HANDLE (　　　) (　　　)” on the parcel that contains teacups. ▶ ティーカップの入った小包に「取扱**注意**」と書いた方がよい。
1500	Paul (　　　) (　　　) play football (　　　) go to school. ▶ ポールは学校に行く**よりむしろ**サッカー**をしたがっている**。
1497	We were running out of gas, and (　　　) (　　　) (　　　), it began to snow heavily. ▶ だんだんガソリンがなくなってきて，**さらに悪いことには**雪が激しく降り始めた。
1499	Hawaii is famous for its beautiful scenery. (　　　) (　　　), you may see a rainbow. ▶ ハワイは美しい風景で有名である。**運が良ければ**虹が見られるかもしれない。
1496	You have to (　　　) (　　　) (　　　) heavy rain during this time of the year. ▶ 1年のうちの今ごろの時期は大雨**に注意し**なければならない。

Unit 76の復習テスト②解答　1498 WITH CARE　1500 would rather than　1497 what was worse　1499 With luck　1496 watch out for

さくいん

※見出し語番号を表示しています。

単語編

A

B

C

D

E

熟語編

A

☐ A and so on [forth]	1296
☐ A as well as B	1086
☐ a bunch of ~	1297
☐ a couple of ~	1087
☐ a great [good] deal of ~	1298
☐ a number of ~	1088
☐ a variety of ~	1089
☐ above all	1299
☐ according to ~	1090
☐ across from ~	1300
☐ after a while	1091
☐ after all	1301
☐ ahead of ~	1302
☐ all at once	1303
☐ all of a sudden	1304
☐ all the time	1305
☐ all the way	1092
☐ all (the) year round [around]	1306
☐ along with ~	1093
☐ apart from ~	1307
☐ apply for ~	1094
☐ as a result of ~	1095
☐ as ~ as ever	1308
☐ as ~ as possible	1096
☐ as far as I know, ...	1309
☐ as if [though] ...	1097
☐ as long as ...	1310
☐ as usual	1098
☐ as well	1311
☐ ask for ~	1099
☐ at first	1100
☐ at least	1101
☐ at (the) most	1312
☐ at the sight of ~	1102

B

☐ be about to do	1313
☐ be against ~	1103
☐ be at a loss	1314
☐ be aware of ~	1315
☐ be away	1104
☐ be bad [poor] at ~	1105
☐ be based on ~	1106
☐ be busy doing	1316
☐ be certain to do	1317
☐ be connected with ~	1318
☐ be crowded with ~	1107
☐ be dependent on ~	1108
☐ be different from ~	1109
☐ be disappointed with [at] ~	1319
☐ be expected to do	1320
☐ be familiar with ~	1110
☐ be far from ~	1111
☐ be forced to do	1321
☐ be full of ~	1112
☐ be impressed with ~	1322
☐ be in contact with ~	1323
☐ be in danger	1324
☐ be in full bloom	1325
☐ be in (the) hospital	1326
☐ be in trouble	1327
☐ be independent of ~	1113
☐ be [get] injured	1328
☐ be involved in [with] ~	1329
☐ be likely to do	1114
☐ be looking forward to doing	1115
☐ be made up of ~	1116
☐ be on a diet	1330
☐ be popular with ~	1117
☐ be proud of ~	1118
☐ be ready for ~	1119
☐ be related to ~	1331
☐ be responsible for ~	1120
☐ be said to be ~	1121
☐ be satisfied with ~	1122
☐ be short of ~	1332
☐ be similar to ~	1123
☐ be sold out	1124
☐ be supposed to do	1125
☐ be sure of [about] ~	1333
☐ be sure to do	1334
☐ be tired of ~	1126
☐ be unable to do	1335
☐ be used to doing	1127
☐ be worried about ~	1128
☐ be worth doing	1336
☐ because of ~	1129
☐ before long	1337
☐ behave oneself	1338
☐ believe in ~	1130
☐ break down	1131
☐ break out	1339
☐ bring about ~	1132
☐ bring up ~	1340
☐ by accident	1133
☐ by chance	1134
☐ by far	1341
☐ by heart	1135
☐ by mistake	1136
☐ by nature	1137
☐ by sea	1342
☐ by the end of ~	1138
☐ by the time ...	1343
☐ by turns	1344

C

☐ call for ~	1345
☐ call out	1139
☐ can't help doing	1140
☐ carry out ~	1141
☐ catch up with ~	1142
☐ change A into B	1346
☐ change one's mind	1347
☐ check in	1348
☐ check out	1143
☐ cheer A up	1349
☐ come across ~	1144
☐ come close to ~	1350
☐ come out	1145
☐ come to do	1351
☐ come true	1146
☐ come up to ~	1352
☐ come up with ~	1353
☐ compare A with B	1354

D

☐ decide on ~	1355
☐ depend on [upon] ~	1356
☐ do A harm	1357
☐ do well	1147
☐ dress up	1148
☐ drop by	1149
☐ drop in at [on] ~	1358
☐ due to ~	1359

E

☐ each other	1150
☐ eat out	1360
☐ either A or B	1151
☐ end up doing [with ~]	1361
☐ enough to do	1152
☐ even if ...	1153
☐ (every) now and then	1154
☐ every other month [day, year, week]	1155
☐ exchange A for B	1362

F

☐ fall asleep	1156
☐ feel like doing	1363
☐ figure out ~	1364
☐ fill out [in] ~	1365
☐ fill up ~	1157
☐ find out ~	1158
☐ for a while	1159
☐ for free	1160
☐ for fun	1161
☐ for instance	1162
☐ For one thing, ...	1366
☐ for short	1367
☐ for sure	1368
☐ for the first time	1163
☐ from now on	1369
☐ from time to time	1370

G

☐ get A back from B	1164
☐ get A to do	1165
☐ get along [on] with ~	1166
☐ get away	1167
☐ get better	1168
☐ get married	1169
☐ get out of ~	1371
☐ get over ~	1372
☐ get rid of ~	1373
☐ get together	1170
☐ give A a ride	1171
☐ give up ~	1172
☐ go against ~	1173
☐ go ahead	1174
☐ go through ~	1175
☐ go wrong	1176
☐ graduate from ~	1177
☐ grow up	1178

H

☐ had better do	1179
☐ hand in ~	1180
☐ hang up	1374
☐ happen to do	1375
☐ have A in common with B	1181
☐ have A in mind	1376
☐ have a sore throat	1377
☐ have nothing to do with ~	1378
☐ have trouble doing	1379
☐ head for ~	1380
☐ hear from ~	1182
☐ help A (to) do	1183
☐ here and there	1184
☐ hope for ~	1381

I

☐ If only ...	1382
☐ in a hurry	1383
☐ in a [one] sense	1384
☐ in addition to ~	1185
☐ in advance	1186
☐ in any case	1187
☐ in charge of ~	1385
☐ in conclusion	1386
☐ in detail	1387
☐ in fact	1188
☐ in general	1388
☐ in line	1389
☐ in one's thirties [forties, ...]	1390
☐ in order to do	1189
☐ in other words	1391
☐ in pairs	1392
☐ in particular	1190
☐ in place of ~	1393
☐ in practice	1394

☐ in reality	1395	
☐ in return	1191	
☐ in spite of ~	1192	
☐ in that case, ...	1193	
☐ in [at] the beginning of ~	1194	
☐ in the distance	1396	
☐ in the end	1397	
☐ in the first place	1398	
☐ in the long run	1195	
☐ in the middle of ~	1196	
☐ in the past	1197	
☐ in the short run	1399	
☐ in time	1198	
☐ in turn	1400	
☐ instead of ~	1199	
☐ It is no use *doing*	1401	
☐ It is not until ~ that ...	1402	

J

☐ (just) in case	1403

K

☐ keep [bear] A in mind	1200
☐ keep away from ~	1404
☐ keep in touch with ~	1405
☐ keep (on) *doing*	1201
☐ keep *one's* promise [word]	1406
☐ keep up with ~	1202

L

☐ lead A to B	1407
☐ lead to ~	1408
☐ leave A alone	1409
☐ leave A behind	1203
☐ little by little	1204
☐ look after ~	1205
☐ look down on ~	1410
☐ look into ~	1411
☐ look out	1412
☐ look over [through] ~	1413
☐ look up ~	1206
☐ look up to ~	1414
☐ lose *one's* way	1415

M

☐ major in ~	1207
☐ make a decision	1208
☐ make a difference	1416
☐ make a mistake	1209
☐ make (a) noise	1210
☐ make a reservation	1417
☐ make a speech	1418
☐ make an appointment with ~	1419
☐ make effort(s)	1420
☐ make friends with ~	1211
☐ make fun of ~	1212
☐ make it	1421
☐ make *one's* bed	1213
☐ make *one's* way to ~	1422
☐ make progress	1423
☐ make sense	1424
☐ make sure (that) ...	1214
☐ make the most of ~	1425
☐ make up for ~	1426
☐ make up *one's* mind to *do*	1215
☐ make use of ~	1427
☐ mean to *do*	1428
☐ more or less	1429
☐ more ~ than S had expected	1216

N

☐ name A after B	1217
☐ neither A nor B	1218

☐ never fail to *do*	1430	
☐ next to ~	1219	
☐ no longer ~	1220	
☐ no more than ~	1431	
☐ not A but B	1432	
☐ not only A but (also) B	1221	
☐ not so much A as B	1433	
☐ nothing but ~	1434	
☐ now (that) ...	1435	

O

☐ of *one's* own	1436
☐ on board ~	1222
☐ on business	1223
☐ on earth	1437
☐ on foot	1224
☐ on *one's* own	1438
☐ on purpose	1225
☐ on sale	1226
☐ on schedule	1439
☐ on (the [an]) average	1227
☐ on the other hand	1440
☐ on the point of *doing*	1441
☐ on time	1228
☐ once in a while	1229
☐ one after another	1442
☐ one another	1443
☐ one by one	1444
☐ out of date	1445
☐ out of order	1446
☐ over (a cup of) coffee [tea]	1447
☐ over and over (again)	1448

P

☐ pass by ~	1449
☐ pay attention to ~	1450
☐ pay for ~	1230
☐ pick A up	1231
☐ pick up ~	1232
☐ play an important role [part] in ~	1233
☐ plenty of ~	1234
☐ point out ~	1235
☐ prefer A to B	1236
☐ prevent [keep] A from *doing*	1451
☐ provide A with B	1237
☐ put A away	1238
☐ put A in order	1239
☐ put A into practice	1452
☐ put down ~	1240
☐ put off ~	1241
☐ put on ~	1242
☐ put out ~	1243
☐ put up with ~	1453

R

☐ reach out for ~	1454
☐ regard A as B	1455
☐ regardless of ~	1456
☐ rely on ~	1244
☐ remind A of B	1457
☐ result from ~	1458
☐ result in ~	1459
☐ right away	1245
☐ run after ~	1460
☐ run out of ~	1461
☐ run over ~	1246

S

☐ search A for B	1247
☐ see A off	1462
☐ see if ...	1248
☐ see (to it) that ...	1463
☐ separate A from B	1464
☐ set up ~	1465

☐ shake hands	1466	
☐ show up	1249	
☐ side by side	1467	
☐ slow down	1250	
☐ so far	1251	
☐ so ~ that ...	1252	
☐ so that A can [will, may] *do*	1253	
☐ some A, others B	1468	
☐ something is wrong with ~	1254	
☐ sooner or later	1255	
☐ sound like ~	1256	
☐ speaking [talking] of ~	1469	
☐ spend A *doing*	1257	
☐ stand by ~	1258	
☐ stand for ~	1470	
☐ stand out	1471	
☐ start up ~	1472	
☐ start with ~	1473	
☐ stay in bed	1259	
☐ stay [sit] up late	1260	
☐ stop by ~	1474	
☐ succeed in ~	1261	
☐ such as ~	1262	

T

☐ take A back to B	1263
☐ take a break [rest]	1475
☐ take a deep breath	1476
☐ take [mistake] A for B	1477
☐ take A into account	1478
☐ take a look at ~	1264
☐ take a nap	1479
☐ take a seat	1265
☐ take advantage of ~	1480
☐ take after ~	1266
☐ take care of ~	1267
☐ take in ~	1481
☐ take off ~	1268
☐ take over ~	1269
☐ take part in ~	1270
☐ take place	1271
☐ take the place of ~	1482
☐ tell A from B	1483
☐ tell a lie	1272
☐ thanks to ~	1273
☐ That's how ...	1484
☐ That's why ...	1274
☐ the first time ...	1275
☐ the instant (that) ...	1276
☐ the same A as B	1485
☐ the way ...	1277
☐ There is no doubt (that) ...	1278
☐ these days	1279
☐ think of A as B	1486
☐ think over ~	1487
☐ This is because ...	1280
☐ throw away ~	1281
☐ to be honest with you	1488
☐ to be sure	1489
☐ to begin with	1282
☐ to *one's* surprise	1490
☐ to tell (you) the truth	1491
☐ together with ~	1283
☐ too ~ to *do*	1284
☐ translate [put] A into B	1492
☐ try *one's* best	1285
☐ turn A into B	1493
☐ turn down ~	1286
☐ turn off ~	1494
☐ turn on ~	1287
☐ turn out to be ~	1288

U

☐ upside down	1495
☐ used to *do*	1289